AF434036

MON AMI M. EDISON

Par Henry Ford

Henry Ford

MON AMI
M. EDISON

Éditions
Steeven Cadel

NOTE DE L'ÉDITEUR

Chaque livre peut changer une vie. Nous croyons en la force des idées, et en leur capacité à changer et améliorer nos vies.

Dévorez les livres, mais pas seulement.
Mettez en œuvre les idées qu'ils contiennent.

Nous tenions également à vous remercier pour l'achat de ce livre. Les Éditions Cadel soutiennent l'association Mécénat Cardiaque en reversant une partie des bénéfices. L'association Mécénat Cardiaque permet à des enfants souffrant de malformations cardiaques de venir en France et d'être opérés.

SOMMAIRE

CHAPITRE I

LA RENCONTRE

Ce fut le 11 août 1896 que je fis la connaissance de M. Thomas-A. Edison. Cette date-là revêt pour moi une importance singulière. À vrai dire, je crois bien avoir déjà aperçu le grand inventeur un an auparavant. Je me trouvais alors ingénieur en chef à la Compagnie Edison de Détroit. M. Edison revenait de Port-Huron ; il y était allé pour assister aux obsèques de son père, et il passa devant l'usine située tout à côté de l'Hôtel Cadillac où il était descendu pour la nuit. Je le vis au milieu d'un groupe de messieurs — quelqu'un, du moins, me dit que M. Edison se trouvait dans le groupe — mais ils passèrent si rapidement que je ne suis pas très sûr d'avoir regardé celui qu'on voulait me montrer.

Notre première rencontre véritable eut lieu lors d'un banquet donné au Manhattan Beach Hotel, à Manhattan Beach, localité située à quelques milles de Coney Island. Nous nous trouvions réunis à l'occasion du Congrès Edison, assemblée annuelle à laquelle participaient les ingénieurs en chef et les directeurs des diverses usines Edison pour y échanger leurs impressions et se faire part de leurs expériences. J'y étais allé avec M. Alexandre Dow, président de la Compagnie Edison de Détroit.

M. Edison présidait le banquet. À sa droite, se tenait Charles Edgar, président de la Compagnie Edison de Boston, et je me trouvais assis à la place voisine. De l'autre côté de la table ovale, il y avait Samuel Insull, qui devait se faire un grand nom par la suite dans l'industrie électrique, J. W. Lieb junior, président de la Compagnie Edison de New York, John Van Vleeck, ingénieur en chef de l'Edison de New York ; John I. Beggs et un certain nombre d'autres personnalités dont je n'ai pas aussi fidèlement gardé les noms en ma mémoire.

Au cours de la séance de l'après-midi, le Congrès s'était surtout occupé des nouvelles possibilités qui s'ouvraient, pour l'électricité, dans la recharge de batteries d'accumulateurs destinées aux véhicules. Les ingénieurs électriciens voyaient dans le véhicule électrique la voiture sans chevaux dont tout le monde rêvait. Ils prédisaient que bientôt on verrait, par milliers, des voitures de ce genre circuler dans les rues ; il faudrait recharger leurs accumulateurs, cela demanderait beaucoup de soin et de matériel et, naturellement, on pourrait en tirer d'énormes bénéfices. Pendant le banquet qui avait lieu dans la soirée, la discussion continua sur ce chapitre jusqu'au moment où Alexandre Dow dit en me désignant de l'autre côté de la table :
— Mais nous avons ici un jeune homme qui a construit une voiture à moteur !

Il raconta alors comment il avait entendu quelque chose faire « teuf ! teuf ! teuf » sous les fenêtres de son bureau ; il avait regardé et c'était une petite voiture sans chevaux dans laquelle avaient pris place ma femme et mon petit garçon ; puis, j'étais sorti de l'usine, j'avais grimpé sur le siège et la machine était partie en faisant toujours « teuf ! teuf ! teuf ! » tout le long du chemin, tandis que tout le monde s'arrêtait dans la rue pour la regarder passer.

Quelqu'un me demanda alors comment j'étais parvenu à faire marcher ma voiture et je commençai alors à le leur raconter, en parlant d'une voix assez haute pour être entendu par ceux qui se trouvaient de l'autre côté de la table, car les conversations avaient soudain cessé. M. Edison put saisir quelques bribes de mes explications et il mit la main à son oreille pour mieux entendre ; je dois dire que, même, à cette époque-là, il était déjà passablement sourd.

M. Lieb vit que M. Edison essayait d'écouter ; il me fit signe de prendre une chaise libre à une table voisine et de venir m'asseoir près de M. Edison. Là, je pourrais parler suffisamment fort pour être entendu de tous. Mais, juste à ce moment, M. Edgar m'offrit de changer de siège avec lui, ce qui me plaçait ainsi côte à côte avec M. Edison. L'inventeur se mit à me poser certaines questions qui me montrèrent qu'il avait déjà étudié les moteurs à explosion.
— Est-ce un moteur à quatre temps ? me demanda-t-il.
Je répondis que oui et il hocha la tête en signe d'approbation. Il voulut ensuite savoir si je faisais exploser le gaz dans le cylindre en utilisant l'électricité, et si j'opérais par un contact ou par une étincelle — car nous étions avant l'invention des bougies d'allumage.

Je lui dis que c'était un contact de rupture actionné par le piston et je lui fis un croquis de tout le dispositif du contact tel que je l'avais aménagé sur ma première voiture, celle qu'avait vue M. Dow. Mais j'ajoutai que sur ma seconde voiture, celle que j'étais en train de construire, j'avais installé ce qu'on appellerait aujourd'hui une bougie d'allumage, c'était en réalité une cheville isolante pourvue d'un mécanisme interrupteur — en l'occurrence des rondelles de mica. J'en fis également le croquis.

Il observa qu'une étincelle enflammerait le gaz d'une façon beaucoup plus sûre qu'un contact. Il me posa une infinité de questions et je lui dessinai tout ce que je voulais lui expliquer, car, pour ma part, j'ai toujours trouvé que, pour exposer une idée, le dessin est beaucoup plus rapide qu'une simple description.

Lorsque j'eus terminé, il donna un coup de poing sur la table et s'écria :
— Jeune homme, c'est bien ce qu'il faut. Vous l'avez trouvé. Continuez à travailler dans cette voie. Les voitures électriques ne peuvent guère s'éloigner des stations de recharge. Les batteries d'accumulateurs sont trop lourdes. Les voitures à vapeur ne font pas davantage l'affaire, car il leur faut une chaudière et du feu. Votre voiture se suffit à elle-même, elle transporte sa propre fabrique d'énergie, pas de feu, pas de chaudière, pas de fumée et pas de vapeur. Vous avez trouvé. Continuez de ce côté-là.

Ce coup de poing sur la table valait pour moi des mondes. Personne ne m'avait jusqu'alors donné le moindre encouragement. J'avais seulement espéré que la direction que j'avais prise était la bonne. Tantôt, je savais que j'étais dans le bon chemin, tantôt je ne faisais que me demander si j'y étais vraiment, mais voilà que, soudain, le plus grand génie de l'invention qui fût au monde venait de me donner son entière approbation ! L'homme au monde qui connaissait le mieux l'électricité avait déclaré que, pour ce que je me proposais de faire, mon moteur à explosion était supérieur à n'importe quel moteur électrique ; il avait dit qu'il pourrait parcourir de longues distances, car il serait facile de se procurer en cours de route de l'hydrocarbone. C'était la première fois qu'on employait devant moi cette expression pour désigner un carburant liquide ; et cela se passait à une époque où tous les ingénieurs électriciens considéraient comme un fait définitivement établi qu'on ne pourrait rien créer de neuf et de pratique qui ne fût mû par l'électricité ! L'électricité, selon eux, devait devenir l'énergie universelle. Naturellement, leurs espoirs n'ont pas pu se réaliser entièrement, car l'électricité n'est pas une énergie motrice de premier ordre.

CHAPITRE II

LA SECONDE RENCONTRE

Ce fut un des côtés particulièrement caractéristiques de M. Edison que de toujours envisager les choses sous leur angle le plus étendu et de reconnaître que si les applications de l'énergie électrique peuvent se multiplier presque indéfiniment dans certaines directions, il en est d'autres où elle ne peut être, au plus, qu'un pis-aller. Parmi les remarquables qualités d'esprit dont fit preuve Edison, son aptitude à toujours voir les choses sous leur vrai jour n'est pas l'une des moindres. Il ne s'est jamais laissé aveugler par certains enthousiasmes.

Il arrive fréquemment qu'un inventeur gaspille son temps et son argent à essayer de faire servir son invention à des usages pour lesquels elle ne convient nullement. Edison n'a jamais fait cela. Il ne chevauche point de dada favori. Il étudie chaque problème comme une chose en soi qui ne doit être résolue que d'une seule façon : la bonne. Il est tout autant chimiste qu'électricien. En réalité, ses connaissances sont pour ainsi dire universelles et il est impossible de le ranger dans une catégorie particulière de chercheurs. Il sait instinctivement à quoi peuvent servir les choses et à quoi elles ne peuvent être d'aucune utilité.

Le banquet avait lieu le troisième jour du Congrès.

Pour moi, Edison était déjà le plus grand homme qu'il y eût dans le monde et, naturellement, j'étais désireux de lui parler encore plus longuement de ma machine, mais il m'était également difficile d'aller le trouver. Toutefois, Edison n'avait pas oublié notre conversation et l'un de ses amis et associés nommé W. E. Gilmore vint me dire à la fin du Congrès :
— Venez, Edison désire vous parler.

Nous eûmes donc une longue conversation encore ce jour-là et il m'invita à voyager avec lui jusqu'à New York. Le train comportait un wagon découvert, et Edison s'y rendit. Il a toujours aimé voyager à l'air libre et, lorsque nous faisons des excursions en automobile, invariablement, il prend place dans une voiture découverte, par devant, à côté du chauffeur.

Je pensais donc que, dans le wagon, il poursuivrait sa conversation au sujet du moteur à explosion. Mais il n'en fut nullement ainsi. Je crois que nous eûmes une petite discussion sur les mérites respectifs des engrenages et des chaînes pour la transmission de l'énergie du moteur aux roues.

Pour ma première voiture, je m'étais servi d'une chaîne, mais, pour la seconde, j'étais en train d'essayer ce que donnerait un engrenage. À ce moment-là, les bicyclettes en étaient au même stade d'expérimentation et on en avait mis une en service qui possédait un engrenage au lieu d'une chaîne.

Nous parlâmes aussi de la difficulté qu'on éprouve à obtenir des matériaux d'une qualité satisfaisante pour la réalisation des inventions nouvelles. Je lui signalai par exemple que, pour ma première voiture, je n'avais pas pu trouver de pneumatiques satisfaisants et que j'avais dû me servir de pneumatiques de bicyclettes ; lui me fit part des ennuis qu'il avait eus avant d'obtenir des ampoules convenables pour sa lampe à incandescence et me raconta comment il lui avait fallu les fabriquer lui-même.

Dans chaque art, tous ceux qui vont de l'avant peuvent fort bien élaborer des projets parfaits, mais il arrive souvent que leur premier produit ne soit pas au point, car ils ne peuvent obtenir les matières premières qui conviendraient. L'industrie électrique et l'industrie automobile ont l'une et l'autre créé un grand nombre de matières spéciales qui sont maintenant d'un usage si commun que bien peu de gens se rendent compte de toutes les difficultés rencontrées pour lancer ces industries à leur début avec le matériel et la main-d'œuvre dont on pouvait alors disposer.

Mais, ce jour-là, c'était surtout du Michigan et des premières années qu'il avait vécues dans cette région que M. Edison préférait parler. Ses inventions lui paraissaient être d'un intérêt secondaire. Il se trouvait qu'à cette époque-là, Pingree, le pittoresque Maire de Détroit qui fut, par la suite, Gouverneur du Michigan, aimait beaucoup prêcher l'abolition du capital et autres choses du même genre, comme on avait l'habitude de le faire à cette époque-là. Naturellement, cela ne manquait pas de faire beaucoup de bruit en raison de la haute situation et du tempérament pondéré du Maire en question. Ses propos anticapitalistes avaient le don d'irriter M. Edison car, si le grand inventeur vit dans un monde qui lui est propre, il n'en sait pas moins exactement ce qui se passe dans le reste du monde.

— Comment, disait-il, peuvent-ils espérer faire quoi que ce soit sans capital ?

Cela me parut être une remarque fort pertinente. Le capital n'est pas tout, certes, mais il est cependant impossible de lancer une affaire sans capital.

Quelques années auparavant, M. Edison avait traversé certaines difficultés juste au moment où il était en train d'étendre son système d'éclairage électrique à tout le pays et il avait vu clairement qu'une agitation sans fondement contre le capital ne pouvait que retarder le progrès, sans capitaux, il aurait été impossible de construire des usines, les bienfaits de la distribution de l'électricité pour l'éclairage et pour l'énergie s'en fussent trouvés sensiblement retardés et, de cette façon, le peuple, tout en risquant de s'appauvrir, eût été dans l'impossibilité de voir sa prospérité s'accroître.

Il m'est difficile aujourd'hui, après tant d'années, de dire si M. Edison me fit part ce jour-là de son point de vue sur le capital, mais il m'a parlé fréquemment de cette question par la suite. Il connaît parfaitement bien tous les maux que peut comporter le capital privé ; mais il les considère comme infiniment moins redoutables que ceux dont s'accompagne un mauvais usage des capitaux publics.

Il a souvent dit, en fait, que, bien qu'avec le capital privé quelques-uns puissent bénéficier indûment, le public tout entier en bénéficie, car au moins quelque chose est fait et, puisque l'entreprise doit se suffire à elle-même, le public doit finalement être servi. En revanche, avec des capitaux publics, il n'y a pas grand-chose à faire et, en règle générale, il ne se passe pas grand-chose ; quelques initiés peuvent en profiter, mais le public n'en tire aucun avantage.

Il adopte le point de vue strictement pratique - qu'il a appliqué dans tout son travail - selon lequel ce sont les résultats, et les résultats seuls, qui comptent. Il m'a souvent déclaré que le gouvernement avait commis une grave erreur en confiant la gestion des services postaux à l'État, et que toute société privée de premier ordre pouvait offrir un meilleur service à des tarifs inférieurs tout en réalisant un bénéfice confortable, alors que le gouvernement, malgré tous ses efforts, a généralement accumulé un lourd déficit.

M. Edison n'est nullement ce qu'on appelle un « conservateur », mais ce n'est pas un réformateur au sens péjoratif du mot. Il cherche toujours à atteindre la perfection, mais il ne croit pas qu'en attendant la perfection, il faille ne rien faire du tout. Il sait trop bien qu'il est impossible de réaliser l'absolue perfection mécanique pour s'asseoir tranquillement en attendant l'avènement de l'absolue perfection humaine.

Je ne saurais dire, cependant, dans quelle mesure il a pu me raconter tout cela ce jour-là. Il lui est arrivé de m'exprimer son opinion maintes fois par la suite, car nous avons eu souvent l'occasion de discuter sur ces sujets comme, d'ailleurs, sur des milliers d'autres questions. J'avais hâte de rentrer chez moi et de me remettre à la construction de ma seconde automobile. La première chose que je fis lorsque j'arrivai à Détroit, ce fut de rapporter à ma femme ce que M. Edison m'avait dit et je conclus en déclarant :
— Maintenant, tu ne me verras pas beaucoup à la maison tant que je n'aurais pas complètement achevé cette voiture.

CHAPITRE III

UN TRAVAILLEUR ACHARNÉ

C'était ma seconde voiture. Mon emploi à la Compagnie d'électricité n'était qu'un moyen en vue d'une fin bien différente. Je crois, pour ma part, que l'homme, dès sa naissance, accumule les expériences qui, finalement, orientent son esprit vers une carrière particulière. Ma première automobile était un fragment de cette expérience, j'en avais retiré certains enseignements dont je tins compte dans la fabrication de ma seconde voiture. Puis, par cette seconde voiture, il me fut révélé certains faits qui me servirent pour ma troisième voiture et ainsi de suite. Ce processus se poursuit toujours et il continuera aussi longtemps que je vivrai.

Lorsque je construisis ma seconde voiture, je savais que j'étais sur la bonne voie, mais cela ne m'empêchait pas parfois de me demander si je ne perdais pas mon temps. J'aurais certainement continué, même sans avoir reçu l'encouragement que m'avait donné Edison, mais, après avoir acquis son approbation, je poursuivis mon œuvre deux fois plus vite au moins que je ne l'aurais fait autrement. Il me rassura doublement en dissipant en outre toutes les craintes que je pouvais encore avoir au sujet d'un gaspillage éventuel de mon temps. Il appartient donc à Edison d'avoir ainsi contribué à hâter la réalisation de l'automobile telle que nous la connaissons aujourd'hui, c'est-à-dire avec un moteur à combustion interne.

Il se trouvait précisément qu'Edison, qui survint dans ma vie de cette façon remarquable, avait été mon idéal depuis mon enfance. J'entendis parler de lui pour la première fois d'une façon qui me frappa vivement en 1879 ou 1880, au moment où l'invention et l'adoption rapide de sa lampe à incandescence firent de lui une célébrité mondiale et remplirent les journaux d'articles qui lui étaient consacrés. Je venais de quitter la maison paternelle pour travailler dans un atelier de machines et je n'avais alors que dix-sept ans. J'admirais à la fois l'homme et ses inventions et, ce qui frappa le plus vivement mon esprit, ce fut sa prédisposition au travail acharné et continuel. Et maintenant que je le connais personnellement depuis trente-quatre ans, c'est encore par cela qu'il se distingue à mes yeux de tous les autres hommes. Car, une fois que tout est dit et expliqué, la faculté de réalisation et la force au travail l'emportent sur toute autre chose. M. Edison a[1] une imagination merveilleuse et il est doué également d'une mémoire des plus remarquables. Cependant, tous ses talents n'auraient jamais réalisé quelque chose de grand dans le monde s'ils n'avaient pas été complétés chez lui par cette énergie insurmontable qui le fait aller de l'avant continuellement, sans tenir compte de quoi que ce soit, tant qu'il n'a pas achevé ce qu'il avait entrepris de faire. Il n'admettra même pas la possibilité d'un échec. Il est fermement convaincu qu'un labeur acharné peut venir à bout

---

[1] L'auteur parle au présent, car cet ouvrage est paru en anglais quelques semaines avant la mort d'Edison. (Note de l'éditeur)

de tout. C'était précisément ce génie de l'action et cette force au travail qui m'avaient enthousiasmé quand j'étais jeune homme et qui avaient fait de M. Edison mon héros favori. Or toutes les années écoulées depuis ma première rencontre avec lui n'ont fait que renforcer le prestige qu'il exerçait sur moi bien longtemps avant que je ne l'aie jamais vu.

Il m'arrive souvent de me dire que j'ai bénéficié d'une expérience bien agréable puisque le héros de mon enfance est devenu par la suite l'ami de mon âge mûr. C'est certainement un cas qui ne doit pas se présenter bien souvent dans la nature des choses.

Après cette première rencontre en 1896, je le vis encore deux ou trois ans plus tard dans son laboratoire de West Orange (État du New Jersey) où il s'était installé depuis qu'il avait quitté Menlo Park. À ce moment-là, j'essayais de construire une batterie d'accumulateurs qui eût donné suffisamment d'énergie pour me permettre de grouper un démarreur et une dynamo d'alimentation sur un seul moteur et de satisfaire également à tous les autres besoins en électricité d'une automobile.

Aussitôt que j'eus commencé à lui expliquer ce que je voulais faire, je pris une feuille de papier ; il en fit de même et, en moins d'un instant, nous nous trouvâmes en train de converser au moyen de dessins au lieu de nous servir de mots. Nous nous en aperçûmes au même moment tous les deux et nous nous mîmes à rire. Edison dit :
— Nous travaillons tous les deux de la même façon, Monsieur Ford.

Il résolut mon problème en déclarant que la dynamo d'alimentation et le démarreur devraient toujours demeurer séparés, et un quart de siècle d'expérience dans l'industrie automobile a confirmé ce premier jugement.

Cette rencontre rapprocha de moi M. Edison et en fit, en quelque sorte, la pierre de touche de mon inspiration. Au fur et à mesure que les années s'écoulaient, j'ai appris à le connaître de mieux en mieux. Nous avons fait ensemble du camping à maintes reprises, et c'est la meilleure façon de faire connaissance. À Fort Myers, en Floride, j'ai une propriété tout près de la sienne. Il s'est installé dans cette région vers 1890 afin que, pendant l'hiver, ses travaux ne risquent pas d'être interrompus par les rigueurs du climat et aussi pour ne pas être toujours dérangé par ses affaires commerciales.

Je puis donc dire que je le connais assez intimement et, de jour en jour, il m'apparaît plus grand, tant sous le rapport des services rendus par lui à l'humanité qu'au point de vue de ses qualités d'homme. Aussi, comme, à mon avis, cet homme et son œuvre constituent un exemple pour tous les temps, j'ai entrepris la tâche de rassembler non seulement tous les documents le concernant, mais j'ai également réuni, personnellement et avec l'aide de diverses autres personnes, les éléments matériels de sa vie : les bâtiments, les outils, les meubles et les livres dont il s'est servi.

J'en conserve un certain nombre d'entre eux à Dearborn, dans un musée et dans une école de technologie dédiés à sa mémoire. Le théâtre de ses plus grandes découvertes — le laboratoire et les autres bâtiments de Menlo Park où la lampe à incandescence a été inventée, ainsi que le laboratoire dont il s'est servi pendant quarante-cinq ans, à Fort-Myers, en Floride, — a été transporté, morceau par morceau, à proximité du musée et réédifié à cet endroit sous l'aspect qu'il avait au moment où il abrita la naissance de ses grandes inventions. C'est là que seront conservées ces reliques — définitivement, je l'espère, en témoignage des expériences d'un très grand homme et en modèle pour la jeunesse américaine.

CHAPITRE IV

ENFANCE
ET
PREMIERS SOUVENIRS DE
L'INVENTEUR

Edison est issu d'une vieille famille américaine ; ses ancêtres émigrèrent de Hollande en 1730 et se fixèrent sur les bords de la rivière Passaic, dans le New Jersey, non loin de l'endroit où Edison a passé la plus grande partie de sa vie. Son père, Samuel Edison, était un homme tout à fait au-dessus de la moyenne qui avait le même penchant que son fils à se détourner d'un projet ou d'une découverte aussitôt que les principales difficultés sont surmontées et que l'entreprise a commencé à fonctionner. Sa mère était la fille du Révérend John Elliott, pasteur presbytérien.

M. Edison respecte au plus haut point ses parents. Pendant sa jeunesse, ils ne parvinrent pas à le comprendre entièrement, pas plus d'ailleurs que personne d'autre n'y parvint. Ils contribuèrent beaucoup à l'aider à se débrouiller par lui-même, ils étaient persuadés que leur fils savait ce qu'il faisait ou qu'un jour, tout au moins, il le saurait peut-être. Sa mère lui enseigna elle-même les premiers éléments et l'encouragea à lire les ouvrages dont le sujet intéressait particulièrement le jeune garçon. Edison, de toute façon, n'eût pas manqué de percer et d'affirmer ses dons d'inventeur, mais il est certain qu'il parvint à se manifester plus rapidement parce que ses parents contribuèrent, toutes les fois qu'ils le purent, à l'aider dans ses recherches et, quand ils ne le purent pas, ne l'empêchèrent jamais de réaliser ses desseins.

La famille alla s'établir dans l'Ouest, à Milan (État d'Ohio), et c'est là que naquit, le 11 février 1817, Thomas Alva Edison. Ils y demeurèrent jusqu'en 1854, date à laquelle ils se rendirent à Port-Huron (État de Michigan). Les souvenirs d'Edison remontent à une date beaucoup plus éloignée que ce n'est le cas, d'ordinaire, pour les hommes. Un jour, nous fîmes, lui et moi, un concours afin de voir lequel d'entre nous pourrait remonter le plus loin dans sa mémoire et voici ses premiers souvenirs tels qu'il les transcrivit :

Premier souvenir : Quand je me précipitais par terre pour atteindre un dollar mexicain en argent que m'avait lancé le prétendant de ma sœur.

Second souvenir : Le jour où je fus porté dans les bras afin d'assister au mariage de ma sœur et de ce même jeune homme.

Troisième souvenir : La fois où trois grands camions de la prairie, se rendant en Californie, campèrent près de notre maison.

Ses souvenirs les plus lointains se rapportent donc aux années 1849-1850, à l'époque où il avait entre 2 et 3 ans. Personnellement, le mieux que je pus faire, ce fut de me rappeler le jour où mon père me conduisit pour voir un nid de pinsons alors que j'avais trois ans et demi. D'ailleurs, je dois ajouter incidemment que jamais le pinson ne fut mon oiseau favori.

Il semble, en tout cas, que rien n'ait particulièrement frappé Edison au cours de son séjour à Milan. La maison où il est né a été conservée exactement dans l'état même où elle était à cette époque-là et elle est encore habitée par un membre de sa famille. C'est une solide maison de briques d'un modèle qu'on rencontre souvent à la campagne : un seul étage avec, au-dessus, des chambres mansardées. Elle est située sur une colline et c'est une habitation assez confortable.

Les Edison ne furent jamais, à proprement pauvres, c'est-à-dire qu'ils eurent toujours une maison pour les abriter et suffisamment d'argent pour manger et se vêtir. Aussi, lorsqu'on dit qu'Edison est issu d'une famille dénuée de tout, c'est une pure imagination. Ses parents auraient pu lui fournir tout ce dont a besoin un jeune homme ordinaire, mais, avec l'âge, le jeune garçon manifesta des besoins si extraordinaires qu'aucune famille, dans la plupart des cas, n'aurait pu y satisfaire. Sa vie ne commença véritablement qu'à Port Huron, dans une maison qui fut ultérieurement détruite par un incendie.

À l'école publique de Port Huron, Edison n'a suivi que trois mois d'enseignement normal, et c'est tout ce qu'il a jamais eu, car, par la suite, ce fut sa mère qui se chargea de son éducation. Mrs Edison, qui avait été institutrice, le prit pour ce qu'il était et lui épargna les mauvais effets d'un trop grand dégoût des écoles.

Il apprit vite à lire et, depuis lors, il a toujours beaucoup lu. Il n'est guère possible de lui citer le moindre livre important, sur n'importe quel sujet, qu'il n'ait point lu. Je viens de retrouver un exemplaire de la *Philosophie naturelle et expérimentale* de Richard Green Parker publiée en 1856, livre que j'eus moi-même à l'école et qui fut, paraît-il, le premier livre scientifique qu'il ait jamais lu. On notera sur la feuille de garde l'inscription suivante : « La philosophie de Parker est le premier livre de sciences que j'ai lu lorsque j'avais neuf ans. Je le pris parce que c'était le premier que je pus comprendre. » Ce livre contenait à peu près toutes les connaissances scientifiques de l'époque. Il traitait de tout, aussi bien de machine à vapeur que des ballons, et comportait une partie relative à la chimie où se trouvaient relatées des centaines d'expériences différentes. Ce n'était guère un livre pour un enfant de neuf ans, mais c'était le livre qu'il fallait pour Edison. Il lui donna ses premières notions sur le monde de la science et il semble d'ailleurs que sa destinée l'ait dès lors conduit vers ce monde scientifique. Avec le temps, il essaya de réaliser presque toutes les expériences que contenait le livre, mais c'est par les expériences de chimie qu'il commença, car, au fond du cœur, Edison était et demeure encore un chimiste.

Qu'il ait fait des expériences au lieu de les accepter telles qu'on les décrivait, ce trait caractérise bien la nature d'Edison. Jamais il n'a accepté quoi que ce soit sans le contrôler. Il vérifie tous les faits scientifiques pour lui-même uniquement afin d'être sûr que c'est un fait et aussi en vue de découvrir le pourquoi de toute chose. Il établit un laboratoire dans la cave de sa maison et, tous les sous qu'il pouvait obtenir, il s'en servait pour acheter des produits chimiques chez le pharmacien de la localité.

Il continua à lire et bientôt ses besoins de matières premières et de produits chimiques pour réaliser ses expériences devinrent trop importants par rapport aux faibles sommes qu'un petit garçon pouvait obtenir de son père ; c'est uniquement cette raison et non pas la pauvreté de sa famille qui le poussa, lorsqu'il avait de douze à treize ans, à devenir marchand de journaux sur le Grand Trunk Railway entre Port Huron et Détroit. Il aurait pris un emploi encore plus tôt si sa famille l'avait laissé faire. Ils l'autorisèrent à prendre cette place uniquement parce que cela ne l'obligeait pas à vivre loin de la maison.

CHAPITRE V

EDISON, UN SCIENTIFIQUE-ENTREPRENEUR VISIONNAIRE

Pour Edison, l'argent n'a toujours été que le moyen permettant de réaliser des expériences. Il n'a jamais attaché la moindre importance à l'argent en soi, mais il est également l'un des rares pionniers, dans le monde scientifique, qui se soit toujours tenu bien fermement sur ses pieds et ait su gagner l'argent nécessaire à la poursuite des recherches qu'il jugeait les plus utiles et les plus intéressantes.

Il établit, comme on le sait, un petit laboratoire dans le fourgon aux bagages du train dans lequel il vendait des journaux. Mais les dépenses de son laboratoire ne tardèrent pas à dépasser ses gains, aussi lui fallut-il chercher ailleurs de nouveaux capitaux. C'est ce qui l'amena à publier un petit journal — le *Weekly Herald* — qu'il imprimait dans le train. On n'a pas pu retrouver sa première presse à imprimer, mais j'en ai découvert une qui venait de la même fabrique et qu'Edison m'a affirmé être une exacte réplique de l'original.

Le fait important, ce n'est pas que le jeune Edison ait publié un journal pour la première fois dans un train ou qu'il ait été capable de tirer une page impeccablement imprimée à un âge aussi tendre. L'important, c'est qu'il sentait en lui une vocation si forte de savant que son ingéniosité se trouva aiguillée dans toutes les directions afin d'y découvrir les ressources qui lui permettraient de réaliser l'œuvre à laquelle il était destiné.

Naturellement, il n'avait pas la moindre idée, à ce moment-là, de son véritable avenir, mais il savait cependant qu'il lui fallait trouver les propriétés de matières dont personne ne pouvait rien tirer avant lui. Ce n'était pas simplement un garçon intelligent doué d'un certain flair pour gagner de l'argent. Il ne gagnait de l'argent qu'en vue d'une fin unique. Le moindre sou qu'il gagnait, en dehors de l'argent nécessaire à sa stricte subsistance, il s'en servait pour acheter des livres ou des produits chimiques.

À quinze ans, il avait acquis toutes les connaissances scientifiques de son époque. Je possède un exemplaire de ce *Weekly Herald* ; c'est un journal vivant et intéressant. Edison a toujours eu le don d'exprimer en peu de mots et avec une extraordinaire clarté ce qu'il voulait dire. Il a l'esprit clair, et c'est pourquoi ce qu'il écrit a cette même qualité.

Dans le fourgon aux bagages qui lui servait de laboratoire, il laissa tomber un jour un bâton de phosphore. Cela provoqua une grande flamme, et le chef du train survint au moment où Edison essayait d'éteindre le feu. La légende veut que le chef de train lui ait frotté les oreilles si vigoureusement qu'il lui blessa le tympan. C'est de là que proviendrait la surdité d'Edison.

En tout cas, il est exact que le chef de train découvrit l'incendie et qu'il donna l'ordre à Edison de descendre avec son laboratoire à la prochaine gare. C'était à Smith's Creek

(État du Michigan), mais on ne lui a jamais tiré les oreilles, comme la légende le raconte. (Signalons, en passant, que l'ancienne gare de Smith's Creek a été reconstruite brique par brique à Dearborn. En outre, soixante-sept ans après le renvoi d'Edison, le Président des États-Unis, Herbert Hoover, tint à accompagner le vieux savant dans une sorte de pèlerinage sur les lieux mêmes de cet incident.)

Il est d'ailleurs fort peu probable qu'on n'ait jamais pu lui tirer les oreilles, car Edison, bien qu'il eût été un enfant plutôt délicat, commençait déjà à acquérir cette résistance physique qui l'a soutenu pendant tant d'années. Il n'était pas combatif — pour lui, la lutte et les exercices de ce genre sont du temps perdu — mais il était capable de se défendre et n'était nullement de ce genre d'individus qui se laissent marcher sur les pieds par n'importe qui. La surdité de M. Edison eut une origine tout à fait différente. Il me montra un jour l'endroit où cela lui était arrivé, juste au sortir de Fraser (État du Michigan).

— J'avais été retardé sur le quai de la gare par quelques clients qui étaient en train de m'acheter des journaux, m'expliqua-t-il, quand soudain le train se m'y en marche. Je courus derrière lui et m'accrochai au dernier wagon presque à bout de souffle et incapable de me hisser par mes propres forces, car le marchepied de ce temps-là était très élevé. Un employé du train m'ayant aperçu me saisit par les oreilles et, au moment où il me hissait de la sorte, je sentis que quelque chose craquait dans mes oreilles ; aussitôt après, je commençai à ressortir les premières atteintes de la surdité. L'autre incident que l'on raconte n'a jamais eu lieu. Si c'est l'employé de chemin de fer qui m'a rendu sourd, il l'a fait en me sauvant la vie.

Il est donc possible que les premiers ennuis d'Edison avec ses oreilles datent de là. Mais son extrême surdité ne remonte qu'à quelques années, à la suite d'une opération tentée lorsqu'il souffrit d'une mastoïdite. Contrairement à ce que l'on dit habituellement, il ne s'est jamais félicité d'être sourd. Mais il appartient à cette catégorie d'hommes qui savent tirer

Thomas Alva Edison à huit ans

parti même d'une infirmité physique.

Au lieu de se lamenter sur la perte de son ouïe, il chercha à découvrir s'il n'y avait pas certaines occupations dans lesquelles un sourd serait appelé à rendre plus de services qu'un homme ayant des oreilles normales. Il me déclara un jour que, personnellement, il serait fort heureux de pouvoir entendre comme tout le monde, toutefois il rendait à son avis plus de services à son pays en étant sourd. Il me dit une autre fois :
— Cette surdité m'a rendu grand service de différentes façons. Lorsque je travaillais dans un bureau télégraphique, je ne pouvais entendre que l'appareil qui se trouvait directement devant moi sur la table et je n'étais pas gêné, comme mes collègues, par les autres appareils. De même, lorsque je faisais mes expériences sur le téléphone, je m'acharnai à améliorer le transmetteur jusqu'au point où il me fut permis d'entendre dans l'appareil. C'est ce qui rendit le téléphone utilisable commercialement, car le récepteur à magnéto dont on se servait alors était trop faible pour être employé comme transmetteur dans une exploitation commerciale.

Il m'arriva la même chose avec le phonographe. Le grand défaut de cet appareil résidait dans sa façon de rendre les notes élevées en musique et les consonnes sifflantes de la voix humaine. Je travaillai pendant un an, à raison de vingt heures par jour, dimanche compris, pour obtenir que le mot « specie » fût parfaitement enregistré et reproduit par le phonographe. Lorsque ce fut réalisé, je savais qu'on pouvait le faire pour tout le reste — et c'est ce qui se produisit. En outre, ma surdité m'a permis de garder mes nerfs intacts. Nombreux sont les bruits désagréables que je ne perçois pas du tout...

CHAPITRE VI

L'IMPACT DES INVENTIONS D'EDISON SUR LA VIE QUOTIDIENNE

Ce fut tout à fait par hasard qu'Edison s'intéressa à l'électricité. Lorsqu'il était enfant, ses recherches portaient surtout sur la chimie, et bien qu'il se sentît attiré par toutes les sciences et qu'il eût tenté de nombreuses expériences sur l'électricité, il ne pensait pas, du moins me l'a-t-il dit, devenir autre chose qu'un chimiste. Lorsqu'il était employé de chemin de fer, il se trouvait constamment en rapport avec les opérateurs du télégraphe et ils lui facilitèrent la tâche à maintes reprises quand il faisait paraître son journal. Il avait pu constater qu'ils avaient passablement de loisirs et il savait qu'ils étaient assez bien payés.

Il lui fallait du temps pour se livrer à ses expériences et de l'argent pour acheter des produits chimiques, car, au fur et à mesure qu'il pénétrait plus en avant dans ses recherches, la dépense devenait de plus en plus grande. Aussi pensa-t-il qu'un emploi de télégraphiste vaudrait mieux pour lui que la tâche assez compliquée qu'il s'était donnée comme marchand de journaux. L'occasion de devenir télégraphiste se présenta d'une façon tout à fait imprévue.

En août 1862, à la gare de Mount Clemens, il vit la petite fille du chef de gare, J. U. Mackensie, se traîner sur la voie devant un wagon qu'on était en train de garer. Il se précipita vers elle, la releva et la reconduisit à son père. Ce faisant, Edison ne risqua nullement sa propre vie, il ne fut même pas effleuré par le wagon, mais il avait sauvé la vie de l'enfant. Par gratitude, le père de la petite fille lui apprit les éléments de la télégraphie.

Le jeune garçon se mit très rapidement à ses nouvelles occupations et il ne tarda pas à devenir un opérateur de premier ordre — l'un des meilleurs, sinon le meilleur de tout le pays. Cet emploi d'opérateur n'était d'ailleurs qu'un moyen en vue d'une fin bien déterminée, mais cela l'amena à s'intéresser tout particulièrement à l'électricité et l'empêcha de se faire d'abord un nom et une réputation de chimiste. En allant chercher cet enfant sur la voie, Edison déclencha en quelque sorte toute cette partie de sa carrière qui nous a valu la lampe à incandescence et le nouveau système de distribution de l'énergie électrique sur lequel repose l'industrie moderne.

Actuellement, il est de mode d'appeler notre époque l'âge de l'industrie. Il serait plus exact de l'appeler l'âge d'Edison, car on peut dire qu'il est le véritable fondateur de l'industrie moderne aux États-Unis. Il a formulé pour nous comme une nouvelle déclaration d'indépendance. La Déclaration d'Indépendance énonçait certains principes de liberté politique. La déclaration d'Edison ne se trouve pas contenue dans une série de mots. Elle est dans la nature même d'un ensemble d'outils, de machines qui ont permis à chacun de nous d'accroître sa liberté économique dans des proportions qu'on n'aurait jamais cru possibles auparavant.

Nous ne faisons encore que commencer à apprendre à nous

servir des outils et des méthodes qu'il nous a donnés, mais déjà notre prospérité est la première du monde et cela vient de ce que nous avons eu Edison. La plupart des principaux éléments de notre prospérité se rattachent directement ou indirectement à une invention d'Edison. Non seulement il a joué un rôle de premier ordre dans notre prospérité actuelle, mais il a encore fait d'autres découvertes dont nous pourrons nous servir lorsque le besoin s'en fera sentir.

Une grande partie de l'œuvre d'Edison fait aujourd'hui si étroitement partie de notre vie courante que nous en arrivons à oublier tout ce que nous lui devons. Ses recherches n'ont pas seulement donné naissance à des millions de nouveaux emplois pour nos ouvriers, mais il a su rendre tous les emplois beaucoup plus rémunérateurs. Edison a contribué à l'abolition de la pauvreté plus que tous les réformateurs et hommes d'État ne l'ont fait depuis le commencement du monde. Il a fourni à l'homme les moyens de se tirer d'affaire par lui-même.

L'œuvre d'Edison comporte deux éléments différents. Le premier a trait à ses inventions pratiques (nouveaux outils, machines, etc.) ; le second est constitué par l'exemple qu'il a donné en associant la science à notre vie de tous les jours et en démontrant que par des essais patients et incessants, n'importe quel problème peut être un jour résolu. Il est certainement inutile et probablement impossible de déterminer lequel de ces deux éléments : ses créations matérielles ou la force de son exemple ont pour nous la valeur la plus considérable.

Mon opinion pourra paraître à certains exagérée et dictée uniquement par ma vive admiration personnelle à son égard. Or, en vérité, mon opinion se trouve certainement encore au-dessous de la réalité des faits. La prospérité dont nous jouissons actuellement eût été impossible sans la mobilité de l'énergie artificielle dont nous disposons et sans la facilité de plus en plus grande de nos communications et de nos moyens de transport. Or, tout cela vient d'Edison. Reportons-nous brièvement à son œuvre et tâchons d'en analyser les principales conséquences :

1. L'invention de la lampe à incandescence nous a permis de nous passer de la lumière du jour et a ajouté de nombreuses heures d'activité à chaque journée. En outre, les gens ont besoin d'un plus grand nombre de choses pendant la durée du long jour électrique qu'il ne leur en faudrait pendant une courte journée naturelle ou une journée simplement prolongée par la lumière des bougies, de la lampe à pétrole ou même du gaz. Aucune de ces formes d'éclairage artificiel ne donne de résultats aussi pratiques et aussi considérables que la lampe à incandescence. En étendant la durée pendant laquelle les gens peuvent consommer, on accroît par la même occasion le volume de la consommation et l'on crée ainsi de nouveaux emplois pour les ouvriers. Nous augmentons notre richesse non pas seulement en nous contentant de produire, mais en produisant des marchandises qui sont effectivement consommées. La lumière de la lampe à incandescence, non seulement a accru le volume de la consommation, mais elle a permis d'éclairer les usines si bien que la production a pu se poursuivre avec autant d'efficacité pendant la nuit que pendant le jour ; d'où il est résulté un abaissement du prix de revient de la production par suite d'une moindre immobilisation de capitaux en usines et en matériel.

2. La lampe à incandescence n'eût été en soi qu'un jouet amusant si Edison n'avait pas entrepris de résoudre le problème dans sa totalité et n'avait pas créé un nouveau système portant à la fois sur la

production et la distribution de l'électricité. Il a créé une dynamo qui est parvenue à transformer en électricité 90 % de l'énergie transmise au lieu de 40 % qui avait été jusqu'alors le maximum pour les meilleures dynamos. Enfin, grâce à l'invention de ce qu'on a appelé le « système trois fils », il a permis d'économiser près des deux tiers du cuivre qui était nécessaire pour distribuer le courant selon les « systèmes doubles fils » qui étaient alors en usage. Sans la construction d'une dynamo à rendement élevé, sans les grandes économies qu'il permit de réaliser sur le cuivre des câbles de transmission, le prix de l'électricité eût été si élevé pour le consommateur qu'elle serait demeurée un véritable luxe. L'électricité, grâce à lui, a commencé à devenir une véritable commodité.

3. L'établissement de tout un nouveau système de production électrique a délivré l'industrie de la courroie de transmission et de l'arbre de couche, car il devenait dès lors possible de doter chaque outil de son propre moteur électrique. Cela peut paraître un détail d'importance secondaire, pourtant l'industrie moderne ne pourrait pas travailler avec la courroie de transmission pour de nombreuses raisons. Le moteur a permis de disposer les machines conformément à l'ordre de succession du travail et ce seul fait a probablement doublé l'efficacité et le rendement de l'industrie, car il a permis d'éliminer une quantité formidable de transports et de manutentions inutiles. En outre, la courroie de transmission et l'arbre de couche gaspillaient un énorme volume d'énergie à tel point d'ailleurs qu'aucune usine ne pouvait être réellement importante, car même l'arbre de couche le plus long

qu'il fût possible d'établir serait bien faible pour les besoins de l'industrie moderne. De même, avec l'ancien dispositif, il était impossible d'avoir des machines-outils marchant à grande vitesse car les poulies, pas plus que les courroies de transmission, n'auraient pu supporter les vitesses de l'industrie moderne. Sans machines-outils à grande vitesse, et sans les aciers de meilleure qualité qu'elles ont permis de fabriquer, ce que nous appelons l'industrie moderne ne pourrait pas exister. Ce qui revient à dire que nous ne pourrions pas avoir, comme à l'heure actuelle, de hauts salaires et des marchandises à bon marché simultanément. L'automobile actuelle à bon marché, pour ne citer qu'un produit sur des milliers, serait restée un article de luxe à prix élevé sans l'aide qu'apporte le moteur électrique dans la fabrication.

C'est avec Edison que l'électricité commença à devenir un service d'utilité publique. Personne ne me paraît avoir encore saisi à quel point l'utilisation de l'électricité a réellement une importance considérable, car elle intervient dans les moindres phases de notre vie. Mais, indépendamment de cela, les inventions et les améliorations dues à Edison contribuèrent essentiellement à la mise en service du téléphone et à l'extension du télégraphe comme moyens bon marché et universels de communications. De même, il a fait de la machine à écrire une machine de bureau pratique et a joué un rôle prépondérant dans le développement et la mise au point des batteries d'accumulateurs.

Ces inventions, telles que je viens de les esquisser, ont rendu possible l'industrie moderne. Sans elles, nous ne pourrions pas avoir de production massive ; sans elles, nous n'aurions pas non plus la grande compagnie dont l'existence est liée à une production massive, à des transports rapides et à des communications presque instantanées. Tout cela a changé radicalement notre existence, de même qu'elle s'est trouvée modifiée également, mais d'une façon différente, par le phonographe et par le cinéma, car Edison a été le principal promoteur de ces deux inventions. Il en fut le pionnier, comme il fut également un des pionniers de la T. S. F. Toutefois, dans cette dernière branche, il ne poursuivit pas jusqu'au bout ses expériences, car il se trouvait alors sollicité par d'autres problèmes plus urgents.

En ce qui concerne la construction et le bâtiment, il a joué également un rôle prépondérant dans les procédés de la fabrication du ciment, dans la façon de composer et de mélanger le béton et dans l'élaboration des méthodes par lesquelles on parvient à construire des édifices en versant du béton liquide au lieu de les édifier brique par brique ou moellon par moellon.

Il poussa à sa perfection la méthode qui consiste à verser ce dont est faite la totalité d'une maison d'habitation dans un seul moule et par une seule opération. Mais, sous ce rapport, comme pour bien d'autres choses, il était bien en avance sur son époque. Aujourd'hui, de nombreux édifices sont déjà fabriqués de cette façon par un moulage partiel et il est possible que nous voyions un jour l'industrie du bâtiment complètement révolutionnée par ce procédé.

En ce qui concerne l'avenir, Edison a réalisé de nombreuses inventions que nous appliquerons selon les nécessités du moment. Parmi celles-ci, l'une des principales consiste en un procédé permettant d'extraire le fer des minerais de faible teneur. Il a mis au point cette invention dans le New Jersey et il y a consacré plusieurs millions de dollars. Par la suite, comme on découvrit des minerais de très haute teneur dans la région de Missabe, il abandonna l'exploitation de ce procédé, mais, en tout cas, Edison nous a donné l'assurance absolue que nous ne souffrirons jamais d'un manque de fer à bon marché. Il nous a, en quelque sorte, assuré du fer pour l'éternité. Grâce à son procédé, on peut utiliser avec profit des minerais qui, autrement, eussent été sans valeur en raison des frais qu'exige l'extraction d'une trop faible quantité de fer.

Dès qu'Edison a pleinement démontré l'utilité pratique d'une invention, dès qu'il en a esquissé les perfectionnements éventuels, il commence à s'en désintéresser et préfère se consacrer à d'autres recherches et tenter quelque chose de nouveau. Je ne connais pas une seule de ses inventions dont l'application et la réalisation commerciale n'eussent pas exigé la vie entière d'un autre homme.

En réalité, la réalisation et la mise en application de ses inventions occupent à l'heure actuelle tout le temps dont disposent des milliers d'hommes. Heureusement pour notre pays, l'esprit d'Edison est trop actif et trop curieux pour demeurer longtemps fixé sur une seule question. Dès qu'il a surmonté toutes les difficultés qui auraient arrêté quelqu'un d'autre, il termine son œuvre, commence à fabriquer d'une façon industrielle son produit, esquisse les perfectionnements ou les applications nouvelles auxquelles il peut donner lieu et passe ensuite à un autre sujet qui avait sollicité son attention.

Par exemple, dès 1878, il indiqua par écrit les applications éventuelles du phonographe qu'il venait alors d'achever. On verra, par la suite, qu'un certain nombre de ces applications ont déjà été réalisées et qu'aucune d'entre elles, à l'heure actuelle, ne paraît extraordinaire. Mais imaginez ce qu'elles pouvaient être en 1878. En voici d'ailleurs la liste :

1. Rédaction de lettres et de dictées de toute sorte sans l'aide d'un sténographe ;
2. Livres phonographiques qui parleront aux gens aveugles sans que ceux-ci aient à faire le moindre

effort ;

3. Enseignement de la diction ;
4. Reproduction de la musique ;
5. Les annales familiales, registres des diverses paroles, souvenirs, etc., racontés par les membres d'une même famille avec leur propre voix et reproduction des dernières paroles des mourants ;
6. Boîtes à musique et jouets divers ;
7. Horloges qui annonceront au moyen de paroles articulées qu'il est l'heure de rentrer à la maison, d'aller prendre ses repas, etc.… ;
8. Conservation des langages par la reproduction exacte de la prononciation correcte ;
9. Fins éducatrices : telles que conserver les explications faites par un professeur, de sorte que l'élève peut s'y reporter à n'importe quel moment.
10. En liaison avec le téléphone, afin d'en faire un auxiliaire précieux dans la transmission de messages ayant une grande valeur, ce qui éviterait le défaut des communications momentanées et dont le souvenir risque de ne pas être conforme à l'original.

On lui fit perfectionner également la machine à écrire. Voici ce qu'il en a dit plus tard :
— La machine à écrire fut extrêmement difficile à construire de façon commerciale. L'alignement des lettres était tout à fait défectueux. Une lettre se trouvait à quelques millimètres au-dessus ou au-dessous des autres, et il semblait que toutes les lettres voulussent sortir de l'alignement. Je travaillai jusqu'à ce que la machine parvînt à donner des résultats assez satisfaisants. On en fabriqua quelques-unes dont on se servit dans mes bureaux. Certains d'entre nous avaient bon espoir qu'un jour viendrait où toutes les lettres d'affaires seraient écrites à la machine à écrire. La machine à écrire dont j'ai réalisé la mise au point commerciale est celle qui est connue maintenant sous le nom de Remington.

CHAPITRE VII

L'APPROCHE NOVATRICE D'EDISON ENVERS LA SCIENCE

À une autre époque que la nôtre, la moindre invention d'Edison eût été considérée soit comme une découverte scientifique d'une importance exceptionnelle, soit comme un jouet scientifique. Les savants d'autrefois faisaient leurs découvertes pour eux-mêmes et ils se trouvaient si éloignés de la vie industrielle du monde qu'ils eussent perdu de leur prestige s'ils avaient même laissé entendre que leurs études et leurs recherches auraient pu avoir un jour une application commerciale. C'est alors que vint Edison qui était un plus grand savant que n'importe lequel d'entre eux, mais qui ne s'embarrassait pas des vieilles traditions scientifiques. C'était un savant, mais c'était aussi un homme pourvu d'une dose extraordinaire de bon sens. Or, jamais ces deux qualités ne s'étaient encore trouvées réunies en un seul homme.

Edison envisageait la science comme un moyen de venir en aide à l'humanité et, au lieu de se spécialiser dans une branche particulière, il passa en revue toutes les parties de la science afin de choisir et d'assembler les meilleures méthodes en vue d'accomplir ce qu'il lui venait à l'esprit de réaliser. Ce n'était pas un inventeur à proprement parler, en ce sens qu'il ne se contentait pas d'élaborer certaines méthodes, comme je l'expliquerai plus loin. Il équivalait à lui tout seul à tout un laboratoire d'expérimentations et mit fin à la distinction entre le théoricien scientifique et le réalisateur pratique, de sorte qu'à l'heure actuelle nous envisageons maintenant les découvertes scientifiques sous le rapport de leurs applications possibles, présentes ou futures, aux besoins de l'humanité. Il chassa de l'industrie les anciennes méthodes d'approximation et de tâtonnement et les remplaça par des connaissances scientifiques exactes, tout en orientant, par ailleurs, les recherches scientifiques vers des fins pratiques et utiles.

Les savants de l'ancienne école n'ont jamais considéré Edison comme un des leurs parce qu'il réalisait des choses pratiques, au lieu de se contenter de faire et d'enregistrer des expériences. Les ingénieurs techniciens ne l'ont pas considéré comme un ingénieur parce qu'il n'a jamais opéré conformément aux méthodes traditionnelles des ingénieurs. En réalité, Edison est à la fois un savant et un ingénieur ; il a infusé l'esprit moderne à la science et à la technique industrielle, ce qui revient à dire que les techniciens dépendent des savants et que les savants dépendent des techniciens.

Une grande partie de ses travaux, pendant certaines années de sa vie, furent consacrés à réaliser des machines commerciales d'ordre pratique en partant d'inventions, comme la machine à écrire, qui lui étaient soumises. Il créa ainsi une sorte de nouvelle école d'applications scientifiques et, de ce fait, les perfectionnements qu'il avait apportés pouvaient être continués par d'autres et développés dans leurs moindres détails.

Edison ne s'arrêtait jamais dans ses travaux tant qu'il n'était pas parvenu à mettre au point un produit commercial. Mais dès qu'il avait obtenu ce résultat, il cessait de s'y intéresser, car bien qu'il ait été un industriel et un fabricant des plus distingués, il n'a jamais beaucoup aimé être tracassé par des détails d'organisation commerciale. Rien ne le prouve mieux que l'histoire de la lampe à incandescence. Il ne se borna pas à créer la lampe. Il la considérait comme le point de départ de tout un système nouveau qui devrait comporter un grand nombre d'éléments. Voici comment il l'indiquait dans un de ses mémoires :

« 1. Elaborer une méthode générale et essentiellement exacte pour la distribution du courant qui soit satisfaisante au point de vue scientifique et de réalisation pratique au point de vue commercial par son rendement et par les économies qu'elle permet de réaliser. Cela conduirait à un vaste système analogue au dispositif de l'éclairage par le gaz, comportant tout un réseau de conducteurs, tous reliés entre eux, de sorte que dans une ville donnée, les lampes se trouveraient alimentées par l'électricité provenant de divers endroits, ce qui éliminerait tout risque d'interruption provoquée par une panne survenue dans un quartier déterminé.

2. Créer une lampe électrique pouvant donner à peu près autant de lumière qu'un bec de gaz qui constitue, à l'expérience, une unité convenable et utile. Cette lampe devra avoir pour qualité de n'exiger qu'un faible débours pour l'installation des conducteurs de cuivre qui l'alimentent. Chaque lampe devra être indépendante de toutes les autres lampes. Le prix de fabrication des lampes, ainsi que le prix de l'éclairage, devront être suffisamment réduits pour pouvoir concurrencer le gaz commercialement. La lampe devra être suffisamment solide, durable et capable d'être manipulée facilement et sans risque par le public ; elle devra pouvoir

demeurer allumée en conservant toute sa puissance d'éclairage pendant une durée assez longue.

3. Trouver le moyen de déterminer la quantité d'énergie électrique fournie à chaque consommateur, comme on le fait pour le gaz, et dans des conditions telles que cela puisse être fait avec exactitude et sans grande dépense par un compteur installé chez le consommateur.

4. Instituer un réseau de conducteurs susceptible d'être placé soit en l'air, soit sous terre, de telle façon qu'on puisse brancher sur eux les conducteurs annexes reliant le réseau central de la rue à chaque maison. Lorsque ces conduits se trouveraient sous terre, il faudrait que les conducteurs de cuivre fussent entourés d'un tuyau protecteur, et il faut également que ces tuyaux puissent être branchés toutes les fois que ce sera nécessaire. Indépendamment de ces câbles conducteurs et des tuyaux, il faudra fournir également des coupe-circuits, des interrupteurs et quantité d'accessoires divers permettant d'assurer une distribution parfaite.

5. Étudier les moyens de maintenir à tous les points d'un secteur de distribution assez vaste une force de courant pratiquement égale et continue pour que toutes les lampes situées à proximité ou très loin de la station centrale puissent donner une lumière égale à tout moment, indépendamment du nombre de lampes allumées ou éteintes ; chercher également le moyen d'empêcher les lampes de sauter à la suite de fluctuations brusques et violentes du courant. Il faut aussi parvenir à régulariser le courant à l'endroit où il est produit, de telle façon que sa force soit la même dans tout le secteur d'éclairage ; utiliser des dispositifs indiquant quelle est la force actuelle du courant à différents points du secteur.

6. Construire des dynamos à grand rendement, comme on n'en voit pas encore à l'heure actuelle, qui convertiraient

d'une façon économique l'énergie-vapeur de machines tournant à grande vitesse en énergie électrique ; voir aussi les moyens de les relier avec les circuits de consommation extérieurs et de les en isoler, les moyens de régulariser et d'égaliser leur charge et de régler le nombre des dynamos qu'il conviendrait d'utiliser selon les variations de l'énergie demandée à la station centrale.

7. Inventer un dispositif de sécurité qui empêcherait le courant de devenir trop fort et de faire fondre les fils conducteurs, ce qui risquerait de provoquer des incendies ou autres accidents. Inventer aussi des interrupteurs, des douilles de lampes et autres accessoires ; trouver aussi le moyen de réaliser les circuits intérieurs destinés à porter le courant aux lustres et aux candélabres à l'intérieur des maisons.

8. Construire des moteurs à rendement commercial permettant de faire marcher les ascenseurs, les rotatives, ventilateurs, soufflets de forge, etc., en utilisant le courant produit dans les stations centrales et distribué au moyen du réseau conducteur principal installé dans les rues de la ville. Lorsque j'élaborais mes plans, on ne connaissait pas encore des moteurs de ce genre-là. »

Le programme ci-dessus peut paraître assez banal aujourd'hui. Nous considérons comme tout naturel que l'électricité nous soit fournie pour satisfaire à tous nos besoins. Mais, au moment où il fut élaboré, le programme d'Edison eût paru tout à fait extraordinaire. C'est ainsi que sa dynamo était exactement contraire aux principes que la science de l'électricité contemporaine avait institués.

CHAPITRE VIII

DEFINIR SES PROPRES REGLES

Une grande partie des techniciens étaient d'avis que l'électricité était surtout destinée à être utilisée dans les lampes à arc qui se multipliaient rapidement à cette époque, et bien que ces lampes fussent encore tout à fait primitives, on les considérait comme étant presque parfaites. On ne pouvait pas se servir des lampes à arc à l'intérieur des maisons, sauf dans des bâtiments extrêmement vastes, en raison de leur lueur terriblement éblouissante ; mais la lumière d'Edison n'était pas encore suffisamment forte à cette époque-là pour être utilisée dans l'éclairage des rues. Edison avait prévu les systèmes actuels adoptés pour l'éclairage municipal. Au cours des recherches que nous avons faites aux alentours de ses laboratoires, pour découvrir des souvenirs d'Edison, nous avons retrouvé de vieux lampadaires d'il y a quarante-cinq ans.

Il n'avait à sa disposition aucune des matières premières qui convenaient pour mettre à exécution ses projets. Comme je l'ai déjà dit, c'est l'une des plus grosses difficultés que rencontrent les novateurs dans tous les arts. Lorsqu'il voulut installer sa première grande usine, il voulait construire une dynamo bien plus forte que celles qui existaient à l'époque et avait l'intention de la relier directement avec une machine à vapeur. Jusque-là, il s'était servi, comme tous les autres fabricants de dynamos, de courroies de transmission reliant un certain nombre de petites machines, et il eut énormément de mal à trouver quelqu'un pour lui construire une machine à vapeur susceptible d'atteindre la vitesse qu'il désirait obtenir.

De nos jours, les dynamos sont toujours reliées directement à une machine à vapeur ou à une turbine. Mais Edison se trouvait tellement en avance sur son époque que les fabricants de machines à vapeur étaient dans l'impossibilité de le satisfaire, car eux-mêmes n'avaient pas à leur disposition les aciers convenables pour fabriquer les chaudières et les machines.

L'usine que fit construire Edison à Pearl Street, dans la ville de New York, et qui fut sa première installation commerciale (son autre usine de Menlo Park n'était qu'un laboratoire d'essai) a été l'une des œuvres les plus importantes qu'on ait jamais réalisée dans ce domaine de la technique industrielle.

Edison fut obligé d'élaborer et de fabriquer tout le matériel, y compris les interrupteurs et les fils. Il fixa à 110 volts la mesure étalon, et c'est celle qui a été adoptée depuis.

Faire passer des câbles électriques tout en haut de poteaux placés le long des rues ne présentait pas de difficultés spéciales, mais faire ensuite descendre ces câbles dans une région très peuplée et les introduire dans les immeubles, c'était une tâche beaucoup plus malaisée. Il convient de noter que jusqu'alors cela ne s'était jamais fait. Edison devait avoir toujours à l'esprit ce qu'il était en train de réaliser ; autrement, il risquait de provoquer une forte explosion. Néanmoins, il parvint à régler chaque détail et réussit entièrement, simplement parce qu'à l'avance, il avait fait l'essai de chaque installation dans son laboratoire en envisageant toutes les situations possibles et imaginables.

Il refusa de vendre ses brevets d'éclairage électrique et se contenta de céder à bail les installations qui devaient demeurer sous sa surveillance, de telle sorte qu'elles ne risquaient pas de se trouver entre des mains incompétentes ou négligentes. En agissant ainsi, il écartait de nombreuses offres portant sur des millions de dollars dont il avait pourtant bien besoin pour ses affaires ; mais en définitive, il avait la satisfaction de voir son invention installée et exploitée d'une façon convenable.

Pendant très longtemps, il dirigea lui-même son usine et eut un bureau à New York. Pour M. Edison, il est bien peu de choses qui soient aussi fastidieuses que le travail de bureau. Mais cela ne l'empêcha pas de s'attacher à ce travail et d'y persévérer jusqu'à ce qu'il eût formé des techniciens susceptibles d'assurer le fonctionnement satisfaisant de ses installations.

Ce travail de mise au point et d'extension était une tâche ardue. Nous rencontrâmes les mêmes difficultés lorsque nous commençâmes à construire des automobiles, car il se trouvait que, dans tout le pays, les mécaniciens ne savaient pas comment les réparer. Il nous fallut adopter la même méthode que celle suivie par Edison bien des années auparavant.

Il ouvrit une école technique destinée aux ouvriers, établissement qui fut probablement le premier de ce genre. Les cours avaient lieu le soir dans son bureau situé dans la Cinquième Avenue. Il choisissait de préférence les ouvriers qui avaient déjà quelque expérience des télégraphes, téléphones, sonnettes d'alarme et autres installations électriques en usage à l'époque. On leur enseignait les éléments théoriques et la technique par le tableau noir et des cours oraux. Ils apprenaient également les rudiments de l'électricité générale. Les professeurs étaient généralement les aides de M. Edison qu'on avait fait venir de Menlo Park.

Les annales de cette école montrent qu'un grand nombre de ces premiers ouvriers et étudiants en électricité réussirent par la suite à devenir de gros constructeurs ou occupèrent des situations importantes de directeurs de centrales électriques. C'est bien plus tard que je me lançai moi-même dans cette branche là ; mais, à cette époque, il y avait déjà tout un groupe de spécialistes qui avaient été formés et l'école n'avait plus aucune raison d'être.

Edison se réserva le droit de fabriquer ses lampes à incandescence, et en agissant ainsi, il appliqua un principe de fabrication qui, à mon avis, est d'une valeur inestimable. Les lampes, d'après ses calculs, lui revenaient à 1 dollar 25 cents pièce. Il offrit de les faire pour 40 cents pièce si l'Edison Light Company (qui fournissait l'énergie électrique) lui achetait toutes les lampes dont elle aurait besoin pendant la durée du brevet. Voici dans ses propres termes comment il procéda :

« La première année, les lampes nous revenaient à environ 1 dollar 10 cents pièce. Nous les vendions 40 cents. Mais il n'y en avait guère que 20 ou 30 000. L'année suivante, elles nous revenaient à environ 70 cents, et nous les vendîmes toujours 40 cents. Il y en avait cette fois une bonne quantité et nous perdîmes plus d'argent la seconde année que la première.

Mais la troisième année, j'arrivai à me procurer des machines et à modifier les dispositifs de fabrication, tant et si bien que je parvins à abaisser le prix de revient aux environs de 50 cents. Je les vendis toujours 40 cents pièce, et perdis encore plus d'argent cette année-là que les deux autres, car les ventes augmentaient très rapidement.

La quatrième année, je parvins à abaisser le prix de revient à 37 cents et réussis à regagner en un an tout l'argent que j'avais perdu auparavant. Finalement, j'abaissai le prix de revient à 22 cents, tout en continuant à les vendre 40 cents et, à ce moment-là, j'en fabriquais par millions. C'est alors que les gens de Wall Street jugèrent que l'affaire était vraiment lucrative et, comme elle leur plaisait, ils l'achetèrent.

L'une des raisons pour lesquelles nous parvînmes à diminuer considérablement le prix de revient fut qu'au début de la fabrication, l'une des opérations les plus importantes devait être faite par des techniciens tout à fait spécialisés. Cette opération consistait à sceller la partie supportant le filament à l'intérieur de l'ampoule, ce qui était un travail assez délicat à cette époque-là et exigeait plusieurs mois d'entraînement avant de pouvoir être exécuté d'une façon assez rapide. Les ouvriers qui effectuaient ce travail se considéraient comme un élément tout à fait important dans l'usine et devinrent très exigeants. Ils se constituèrent en syndicat et réclamèrent des avantages exorbitants.

C'est alors que je me demandai s'il ne serait pas possible de faire faire ce travail-là par une machine. Après avoir cherché pendant quelques jours, je trouvais la solution. Je désignais alors quelques ouvriers sur lesquels je pouvais compter et leur fis construire un premier modèle. Cette machine paraissait devoir fonctionner assez bien. Je fis faire encore une autre machine qui exécuta très bien le travail, puis une troisième machine. Dès lors, le syndicat était battu. Il ne s'en est pas relevé. »

On m'a souvent attribué le mérite d'avoir le premier appliqué cette méthode qui consiste à fixer un prix de vente sur un article donné et ensuite à réduire les prix de revient par une production en grande série jusqu'à ce que le prix de vente assure un bénéfice. Mais Edison avait déjà fait exactement la même chose il y a déjà longtemps.

En réalité, bien rares sont les dispositifs employés dans l'industrie contemporaine qu'Edison n'ait pas inventés ou expérimentés. Si nous mettions en application toutes ses idées, notre pays aurait dans le monde une place encore plus prédominante.

CHAPITRE IX

LA FORCE DU FOCUS

M. Edison est un génie, mais il ne faudrait pas croire pour cela que ses inventions et ses découvertes lui sont apparues dans de brusques éclairs de divination. S'il en avait été ainsi, il n'aurait pas l'importance considérable qu'il a actuellement, car les enseignements tirés de sa vie ne pourraient pas être appliqués aussi universellement. Ses méthodes, telles qu'elles se présentent à nous, peuvent être appliquées par n'importe qui, et c'est précisément parce qu'elles ont été adoptées par tant de gens en Amérique que notre pays a réalisé des progrès industriels aussi considérables. Edison est la démonstration vivante de ce que la concentration d'esprit et l'intelligence peuvent réaliser.

Cela ne veut pas dire que n'importe qui peut devenir un Edison. Ce serait absurde. Je n'ai jamais rencontré personne qui pût rivaliser avec lui pour une seule de ses qualités, pas plus que pour l'imagination, le raisonnement, la mémoire, la patience ou la faculté de fournir de gros efforts intellectuels ou physiques. Mais chacun de nous a l'une ou l'autre de ces qualités, à quelque degré, et il n'est rien de trop faible ni de trop important qui ne puisse tirer avantage de l'application de la méthode Edison.

Luther Burbank[2] possédait un grand nombre des qualités d'Edison et se servait précisément des mêmes méthodes que lui, en les appliquant toutefois à des buts tout à fait différents. J'ai travaillé avec ces deux hommes et il était remarquable de voir à quel point chacun comprenait rapidement et facilement la pensée de l'autre. Ils opéraient tous les deux patiemment en appliquant une d'élimination progressive et ne laissaient aucune place à la chance. D'ailleurs, M. Edison me le dit une fois après une visite à Burbank :

« Nos méthodes sont identiques à celles qu'a suivi Luther Burbank. Il ensemence un acre de terrain et lorsque les plantes sont en fleurs, il vient les inspecter. Il a l'œil tout à fait exercé et peut reconnaître sur-le-champ, parmi des milliers d'autres, une plante qui paraît promettre de donner ce qu'il recherche. Il recueille alors les graines de celle-ci et, grâce à son habileté et à ses connaissances, il parvient à la reproduire sous forme d'un grand nombre d'autres plantes nouvelles qui lui fournissent les moyens de propager une variété améliorée en grandes quantités. Il en va de même lorsque je suis à la recherche d'une opération chimique que j'ai dans l'esprit. Il peut m'arriver de faire des centaines de milliers d'expériences parmi lesquelles il n'y en a peut-être qu'une qui promet de donner des résultats dans la bonne

---

[2] Luther Burbank (7 mars 1849 - 11 avril 1926) était un botaniste, horticulteur et pionnier américain de la science agricole. Il a développé plus de 800 souches et variétés de plantes au cours de ses 55 ans de carrière. Les créations variées de Burbank comprenaient des fruits, des fleurs, des céréales, des herbes et des légumes, dont la pomme de terre Russet Burbank, connue aussi sous le nom de pomme de terre de l'Idaho.

direction. C'est celle-là que je pousse jusqu'à ses conclusions légitimes après avoir écarté toutes les autres, et habituellement je parviens ainsi à obtenir ce que je recherche. Il est indéniable que c'est un procédé empirique, mais lorsqu'il s'agit de problèmes d'ordre mécanique, je tiens à vous dire que tout ce que j'ai abordé et résolu ne l'a été que par un raisonnement suivi et logique.

Burbank avait poussé ses recherches dans une sphère où les revenus financiers étaient très faibles : c'est pourquoi, jusqu'à la fin, il dépendit, pour beaucoup, de son propre effort personnel et ne put bénéficier d'une aide intelligente que rarement. Edison, qui était beaucoup plus ingénieux dans l'art de gagner de l'argent, poussa ses recherches dans des directions qui lui promettaient de belles récompenses financières ; en un très bref espace de temps, il était capable d'organiser une sorte d'institut d'inventions et de recherches et de donner un rendement beaucoup plus grand à son cerveau en faisant réaliser, sous sa haute direction, des expériences beaucoup plus nombreuses qu'il ne lui eût été possible d'effectuer par lui-même.

Edison est l'un des plus grands chercheurs du monde entier, et probablement le plus grand ; mais jamais il ne s'est pourtant considéré comme un chercheur au sens strict du mot, car tout ce qu'il fait est un moyen en vue d'une fin précise, et il estime que seule cette fin a de l'importance. Le but définitif est tout, mais le voyage est simplement quelque chose qui doit être fait.

Seul, parmi les inventeurs, Edison a été doué de la faculté organisatrice aussi bien que de la faculté créatrice. Il a réuni autour de lui tout un groupe d'hommes en qui il pouvait avoir confiance et qui savaient comment pouvoir exécuter ses ordres. Certes, cette organisation n'a pu être mise sur pied d'un seul coup. Comme tous les inventeurs, M. Edison, pour son premier dispositif breveté, avait concentré ses efforts sur quelque chose dont l'humanité avait, pensait-il, extrêmement besoin, mais qui, en réalité, n'était d'aucune utilité à personne. En 1868, il fit breveter un système permettant d'enregistrer d'une façon rapide et fidèle le vote d'une assemblée législative. Il avait l'impression que le Congrès américain, en particulier, avait besoin de cette invention-là pour que tout le temps perdu au cours d'un vote pût être utilisé à des fins plus utiles. Il rit encore de l'accueil qu'on fit à Washington à son premier-né :

— Mon appareil fut présenté à une commission du Congrès. Le président, après avoir constaté à quel point le mécanisme opérait vite et parfaitement, me dit « Jeune homme, s'il y a une invention au monde dont nous n'avons pas besoin ici, c'est bien de celle-là. L'une des meilleures armes dont peut se servir une minorité pour empêcher le vote de mauvaises lois, c'est précisément de maquiller les votes. Or, avec cet instrument, ce serait impossible. »

« Je reconnus la vérité de ce qu'on venait de me dire, car en tant qu'opérateur transmettant les télégrammes de la presse, j'avais pris des kilomètres de comptes rendus des séances du Congrès. Encore, à l'heure actuelle, on perd énormément de temps à chaque séance de la Chambre à faire l'appel, d'une façon absurde, de tous les membres de la Chambre, puis à enregistrer et à compter ensuite les voix, alors que toute l'opération pourrait être effectuée presque instantanément. Toutefois, je dois reconnaître que la méthode actuelle est admirable pour ce qui est de maquiller les votes. »

Edison se trouva guéri par la suite de chercher à inventer des choses dont, à son avis, l'humanité devrait avoir besoin. Il se contenta d'inventer des dispositifs dont on avait réellement besoin et qui étaient susceptibles d'avoir des applications très étendues. Sa première invention pratique eut trait au télégraphe, alors qu'il était encore opérateur. Ses inventions lui furent simplement inspirées par sa connaissance approfondie du sujet, et il vérifia chaque point de son raisonnement par des expériences réelles.

Car c'est ainsi que son esprit travaille. Quand il était enfant, il avait besoin d'un laboratoire pour vérifier l'exactitude de certaines conclusions auxquelles il avait abouti. Devenu homme, il lui fallait vérifier chaque articulation de toutes les théories qu'il construisait. Il n'a jamais accepté de théorie sans l'avoir vérifiée, car, m'a-t-il dit, il découvrit très tôt que même les plus banales des réactions chimiques pouvaient lui apprendre des choses que personne n'avait jugées assez importantes pour les noter.

CHAPITRE X

REUSSIR EN COLLABORANT

Dès qu'il eut gagné suffisamment d'argent en travaillant comme télégraphiste pour pouvoir consacrer toute son activité à ses recherches et à ses inventions, il découvrit qu'il avait besoin d'être aidé, car quel que fut le temps qu'il consacrait à ses travaux, il lui était impossible de réaliser par lui-même toutes les expériences nécessaires chimiques ou physiques — dans un délai raisonnable. Il créa un laboratoire à Newark. Peu de temps après, une somme de quarante mille dollars qui lui avait été accordée pour une amélioration du téléscripteur d'actions lui permit d'aller de l'avant avec une certaine organisation.

À partir de ce moment-là, il fut toujours à la tête d'un laboratoire et ménagea son temps en se consacrant à des recherches qui exigeaient la collaboration de son cerveau et non pas seulement celle de ses mains. D'ordinaire, les inventeurs ont toujours la manie de s'isoler et cherchent à faire tout seuls l'ouvrage d'un bout à l'autre. Edison adopta la méthode exactement contraire, et c'est une des raisons pour lesquelles il a été capable d'accomplir tant de choses.

Son récit de l'invention du phonographe est un bon exemple de sa méthode :

« J'expérimentais alors un procédé automatique permettant l'enregistrement des messages télégraphiques sur une rondelle de papier posée sur un plateau tournant, tout à fait analogue au phonographe à disque d'aujourd'hui. Le plateau avait à sa surface une rainure en spirale, tout comme un disque. Une rondelle de papier était posée dessus ; un électro-aimant fixé à un levier se déplaçait au-dessus du disque et tous les signaux donnés par l'intermédiaire de l'aimant se trouvaient marqués en relief sur le papier.

Lorsque le disque de papier, une fois ôté du premier appareil, se trouvait placé sur un autre appareil identique pourvu d'un point de contact, la transcription en relief faisait reproduire les signaux dans un autre fil. La vitesse habituelle des signaux télégraphiques est de trente-cinq à quarante mots à la minute, mais avec ce dispositif on pouvait atteindre plusieurs centaines de mots.

Mes expériences avec le téléphone m'avaient révélé la propriété qu'a un diaphragme d'accentuer les vibrations du son. J'avais, en effet, fabriqué un petit jouet qui, lorsqu'on récitait à haute voix dans le pavillon, actionnait un cliquet relié au diaphragme ; celui-ci venant donner contre une roue à rochet imprimait une rotation continue à une poulie. Cette poulie était reliée par une corde à un petit jouet de carton représentant un homme qui sciait du bois. De cette façon, si quelqu'un se mettait à hurler : «Marie avait un petit agneau…, etc. », le bonhomme de carton commençait à scier du bois. J'en arrivai à conclure que, si je pouvais parvenir à enregistrer d'une façon satisfaisante les mouvements du diaphragme, je serais en mesure de faire reproduire par cet enregistrement les mouvements initiaux imprimés au diaphragme par la voix ; j'aurais ainsi réussi à enregistrer et à reproduire la voix humaine.

« Au lieu de me servir d'un disque, je conçus une petite machine utilisant un cylindre pourvu de rainures à sa surface, Il fallait placer par-dessus une feuille d'étain qui recevait et enregistrait facilement les mouvements du diaphragme. J'en fis une esquisse et inscrivis dessus le prix que je donnerais pour la fabrication de la machine : dix-huit dollars. J'avais l'habitude de marquer sur chaque esquisse le prix que j'étais prêt à payer. Si l'ouvrier trouvait qu'à ce prix il y perdait, je lui payais son salaire habituel ; si cela faisait plus que son salaire normal, il bénéficiait d'autant.

L'ouvrier à qui je confiais l'esquisse s'appelait John Kruesi[3]. Je n'avais guère d'espoir que la machine marcherait, mais je pensais que je pourrais peut-être entendre un son ou un mot qui me donnerait confiance en l'avenir du procédé. Lorsqu'il l'a presque terminée, Kruesi m'a demandé à quoi elle servait. Je lui ai dit que j'allais enregistrer une conversation, puis faire parler la machine en retour. Il a trouvé cela absurde.

Enfin, elle fut terminée. La feuille d'étain fut placée dessus. Je me mis alors à hurler « Marie avait un petit agneau…, etc. » Puis j'ajustai l'appareil reproducteur des sons et la machine reproduisit parfaitement ce que j'avais dit. Je n'avais jamais été aussi déconcerté de ma vie. Tout le monde était stupéfait. Je redoutais toujours les choses qui marchaient bien dès la première fois. Une longue expérience m'avait appris qu'on rencontrait toujours de gros mécomptes avant de parvenir à fabriquer commercialement un appareil ; mais, cette fois, je me trouvais véritablement en présence d'un résultat qui ne laissait pas l'ombre d'un doute. »

---

[3] John Kruesi (15 mai 1843 - 22 février 1899) était un machiniste d'origine suisse et un proche collaborateur de Thomas Edison.

John Kruesi

Telle fut l'origine du phonographe. Comme le modèle fonctionnait bien, le principe s'en trouvait définitivement établi, aussi Edison n'eut-il plus qu'à le perfectionner dans ses détails. Si le premier modèle n'avait pas marché, Edison aurait alors fait des recherches jusqu'à ce qu'il eût découvert pourquoi ; il aurait indiqué les modifications à apporter au modèle primitif, les aurait fait réaliser, et aurait continué de cette façon jusqu'à ce qu'il eût obtenu un modèle pouvant fonctionner. On remarquera qu'il en avait découvert le principe en se livrant à des expériences qui n'avaient nullement ce but.

M. Edison n'est pas un mécanicien sachant manier avec adresse les outils ; il n'est pas davantage un mathématicien. Il dit que des mécaniciens et des mathématiciens, il peut en engager et s'assurer leurs services ; quant à lui, c'est un chimiste. Mais, tout en n'étant pas à proprement parler un mécanicien, il connaît à fond les principes de la mécanique et peut élaborer n'importe quel projet de machine.

Sa méthode est toujours la même. Tout d'abord, il se fixe un but, définit exactement ce qu'il veut accomplir. Il peut se mettre à perfectionner quelque appareil existant déjà d'une façon imparfaite comme il le fit pour le téléphone, la machine à écrire, la dynamo et des vingtaines d'autres appareils du même genre ; ou alors, il lui arrive de se mettre à la recherche de quelque chose d'absolument nouveau, sans avoir pour point de départ une réalisation imparfaite à améliorer. Dans les deux cas, il rassemble toute la documentation qui peut exister sur le sujet et vérifie chaque idée, chaque principe, au fur et à mesure qu'il en prend connaissance.

Parfois, il effectue lui-même la vérification, mais, le plus souvent, il écrit de sa propre main ce qu'il désire obtenir sur une feuille de papier jaune et l'envoie à l'un de ses collaborateurs. Ceux-ci inscrivent sur des registres les résultats de chacun de leurs essais et ces registres sont soumis à M. Edison tous les soirs. Les résultats ont pour M. Edison une signification qu'ils n'ont pas pour tout le monde, car il est le seul à connaître exactement ce qu'il recherche et ses collaborateurs ne sont pas toujours au courant du but poursuivi par lui.

Si les expériences ne donnent pas les résultats escomptés, il envoie de nouvelles notes, de nouvelles suggestions ; si les essais suivants prouvent que l'affaire ne vaut pas la peine d'être poursuivie, M. Edison passe alors à autre chose. Il garde toujours la haute direction des recherches. Je possède un grand nombre de ces registres et des notes écrites de sa main au crayon. Bientôt, tout cela pourra constituer en soi un véritable sujet d'étude, car de pareils documents embrassent une grande partie des connaissances humaines et pourront servir utilement aux générations futures. Actuellement, ils se trouvent placés en un lieu où ils peuvent être consultés par les jeunes gens qui s'intéressent à ces questions.

M. Edison ne donne presque jamais d'instructions verbales, car il lui est plus facile d'écrire ou de dessiner que de parler et, s'il écrit à la main au lieu de dicter, c'est parce qu'il peut écrire avec la plus grande netteté et plus rapidement qu'il ne lui est possible de dicter. S'il faut faire une expérience d'une certaine façon, il dessine un croquis avec tant de clarté, tant de précision qu'aucune autre explication n'est nécessaire. M. Edison fait tout cela avec une rapidité remarquable. Il dessina le modèle de son premier phonographe en moins de cinq minutes.

Ainsi, sans la moindre manifestation de formalisme pompeux, se constituent en quelque sorte les annales de tout ce qui se fait au laboratoire, et M. Edison parvient, à l'aide de dessins et d'instructions rapides et explicites données par écrit, à mener de front de multiples recherches n'ayant souvent aucun rapport entre elles. Je ne l'ai jamais vu travailler à une seule chose à la fois. Même lorsqu'il était plongé dans ses expériences sur la lampe à incandescence, il continuait à poursuivre plusieurs autres séries de recherches de la plus haute importance.

C'est lui qui a la direction absolue de toutes ces investigations. Il est le chef et personne ne vient jamais contester son autorité. Je crois qu'il est rarement possible à un assistant de le devancer sur une suggestion - non pas parce qu'il ne veut pas recevoir de suggestions, mais parce que dans ses commentaires sur une expérience, il couvre invariablement le sujet de manière si complète que l'assistant découvre que sa suggestion n'était qu'une petite partie de ce que M. Edison avait déjà à l'esprit.

Il n'a d'ailleurs pas besoin de proclamer son autorité. Aucun homme vraiment intelligent ne saurait la mettre en doute ; d'ailleurs, M. Edison ne garde jamais longtemps auprès de lui quelqu'un n'ayant pas une intelligence très supérieure à la moyenne. Il ne tolèrera jamais la stupidité ni les explications à perte de vue.

Il n'y a rien de laissé à la chance ou au hasard dans ce qu'entreprend M. Edison. Il n'aborde jamais une question sans s'être au préalable entièrement familiarisé avec toute la documentation existant déjà sur ce sujet. Il ne tâtonne pas sans but ; il commence par découvrir à nouveau tout ce que chacun a déjà trouvé en la matière ; il refait toutes les expériences des chercheurs qui l'ont précédé pour vérifier s'ils ont bien su en tirer les déductions convenables.

Pour résoudre un problème chimique ou mécanique, il se sert de sa raison appuyée par ses vastes connaissances. Pour lui, une expérience n'est qu'une expérience. S'il n'obtient pas les résultats qu'il escomptait, l'expérience lui a appris ainsi ce qu'il fallait éviter et, progressivement, par un procédé d'élimination, il finit par découvrir ce qu'il fallait faire.

Les connaissances, existant déjà sur un sujet donné, peuvent inspirer à M. Edison certaines suggestions ou encore elles peuvent simplement hâter ce procédé d'élimination. S'il n'existe aucune connaissance sur la question, M. Edison se met aussitôt à vérifier selon ses théories ce qui pourrait convenir le mieux. Par exemple, à l'heure actuelle, il est à la recherche d'une plante assez commune susceptible de s'acclimater facilement aux États-Unis et qui donnerait suffisamment de caoutchouc pour qu'en cas de guerre, le pays pût se suffire entièrement à lui-même.

Les plantes et les arbres n'ont, on général, jamais été étudiés à ce point de vue. C'est pourquoi, bien qu'il eût très nettement conscience de la tâche énorme qui s'offrait à lui, il se mit résolument à rechercher le contenu exact en caoutchouc de toutes les plantes susceptibles d'être cultivées sans difficulté aux États-Unis. Il en a déjà étudié plus de quinze mille et lorsqu'il aura terminé son examen, il connaîtra d'une façon si complète et si étendue les ressources en caoutchouc de l'espèce végétale, qu'il pourra, à tout le moins, distinguer s'il est engagé ou non sur la bonne voie.

Lorsqu'il entreprit de perfectionner la batterie d'accumulateurs, il constata qu'il n'existait aucune documentation sur les points qu'il désirait étudier. Alors il commença à faire des expériences ; chaque expérience avait un numéro d'ordre, mais, lorsqu'il arriva au chiffre 10 000, il revint à nouveau au numéro 1 et effectua ainsi cinq séries de 10 000 expériences avant d'avoir trouvé ce qu'il désirait. Il convient de noter que chacune de ces expériences était effectuée dans un but déterminé et pour vérifier une possibilité.

Edison s'attaqua toujours à la totalité de son sujet et mena ses recherches jusqu'au bout. Lorsqu'il eut réalisé la lampe à incandescence, il s'efforça, comme on l'a vu, d'établir un système entier de distribution électrique. Lorsqu'il aborda le traitement magnétique du minerai de fer, il ne cessa pas de travailler dans cette voie, tant qu'il n'eut pas édifié une usine complète. Il agit de même pour le ciment. Dans ces deux cas, les difficultés n'étaient pas tant dans la découverte d'un bon procédé que dans l'adaptation du procédé aux nécessités de l'exploitation commerciale.

Au moment où il était en train de perfectionner son système d'éclairage électrique, Edison conçut un mécanisme de broyage et de séparation du minerai de fer permettant d'appliquer la séparation magnétique sur une grande échelle et à un faible prix de revient. C'était, à son avis, le seul moyen pratique d'alimenter les hauts fourneaux en minerai de fer de bonne qualité, car il était moins dispendieux, selon lui, d'extraire et de concentrer des minerais de faible teneur en grande quantité que d'exploiter, dans des conditions difficiles, des gisements limités de minerais de haute teneur.

On reconnaît généralement aujourd'hui qu'il avait raison. Le procédé de la séparation magnétique du minerai n'était nullement nouveau. Mais personne n'avait jamais abordé le véritable problème qui consistait à traiter d'énormes quantités de matières premières d'une façon ne comportant que des frais très minimes. Il fit édifier dans le New Jersey une vaste usine où presque toutes les manipulations s'opéraient automatiquement selon des procédés conçus par lui. Il dépensa d'ailleurs dans cette entreprise la plus grande partie de l'argent qu'il avait gagné avec la lampe à incandescence.

On a tendance à se représenter Edison toujours en train de manier de fragiles tubes d'essais. Mais il se trouvait tout aussi à l'aise avec des appareils traitant des milliers de tonnes. Dans l'usine de concentration qu'il fit construire, il perfectionna à tel point l'affinage du minerai broyé qu'après être passés sous 480 aimants, les concentrés en arrivaient à contenir de 91 à 93 % d'oxyde de fer ; pour transporter ces matériaux, il fit construire le système transbordeur le plus complet qui eût été établi jusqu'alors.

Il parvint ainsi à obtenir un prix de revient très faible et à surmonter l'opposition formidable des milieux métallurgiques. Mais, comme je l'ai dit, ce fut alors qu'on découvrit les riches gisements de Missabe, et ceux-là Edison ne pouvait pas les concurrencer. Mais ses méthodes demeurent néanmoins susceptibles de rendre encore de grands services à l'avenir.

Pour le ciment, il s'attaqua également à la production massive. Edison prétendait que le ciment est le plus durable des matériaux de construction. Souvent il m'a tenu ce raisonnement :

« Le bois pourrit à la longue, la pierre s'effrite, les briques se désagrègent, mais un édifice de fer et d'acier est apparemment indestructible. Regardez les antiques bains romains, ils sont encore aussi solides que lorsqu'on venait de les bâtir. »

Pour lui, le ciment était le matériau d'avenir et il se décida à aborder sa fabrication parce que la réalisation de son projet de traitement magnétique du minerai lui avait donné une grande expérience des opérations de broyage et de manutention des matériaux volumineux. Comme d'habitude, il dépouilla tout ce qu'on avait écrit sur la question et demanda des renseignements partout où on pouvait lui en donner. Notons encore que ceci se passait au moment où il était en train de réaliser la nouvelle batterie d'accumulateurs.

Dès qu'il eut recueilli tous les faits essentiels, il étendit une grande feuille de papier sur une table à dessin et se mit à tracer le plan des usines qu'il se proposait d'édifier. Après vingt-quatre heures de travail continuel, il avait esquissé le projet complet de l'usine tel qu'il fut réalisé par la suite et tel qu'il est demeuré dans ses grandes lignes jusqu'à maintenant. Il n'avait jamais fabriqué de ciment et pourtant, si cette usine devait être reconstruite aujourd'hui, il ne serait pas nécessaire de lui apporter la moindre modification essentielle. Ses projets prévoyaient absolument tout, de l'atelier de broyage à la mise en sacs, et cela pour une usine longue d'environ un demi-mille et qui traite automatiquement assez de matériaux bruts pour produire chaque année des millions de barils de ciment.

Comparez ce que peut être un travail portant sur des quantités et des poids aussi importants avec cet autre :
« Vers la fin de 1875, raconte-t-il, j'inventais dans le magasin de Newark un système permettant de multiplier les copies de

lettres. Ce système, je le vendis à M. A. B. Dick, de Chicago, et, au cours des années qui suivirent, il a été adopté universellement dans le monde entier sous le nom de « miméographe ». J'ai aussi inventé un procédé de papier à la paraffine dont on se sert maintenant universellement pour envelopper les bonbons, etc. »

Écoutez encore la façon dont il rend compte de ses travaux sur l'éclairage électrique et remarquez à quel point il peut porter son attention sur des détails infiniment petits tout aussi bien que sur de vastes entreprises.

« Juste à cette époque (1878), j'avais envie de me mettre à quelque chose de nouveau. C'est alors que le professeur Barker me conseilla de tenter la subdivision de l'éclairage électrique en petites unités comme cela se faisait pour le gaz. Ce n'était pas d'ailleurs une nouvelle suggestion car, un an auparavant, j'avais déjà fait de multiples expériences sur l'éclairage électrique. Je les avais provisoirement abandonnées pour le phonographe. Je décidai donc de reprendre mes recherches et de continuer dans cette voie.

Lorsque je rentrai chez moi, je commençai, selon mon habitude, à rassembler tous les documents concernant la question. Cette fois, ce fut sur le gaz que je me documentai. J'achetai tous les comptes rendus et toutes les publications des sociétés de distribution de gaz, tous les anciens numéros de journaux techniques traitant de ces questions, etc. Ayant rassemblé les documents et étudié de très près la distribution du gaz à New York au cours d'observations faites sur place, je décidai, dans mon esprit, que le problème de la subdivision du courant électrique pourrait être résolu et que quelque chose pourrait être tenté dans le domaine commercial.

Je constatais qu'une lampe électrique, pour donner un résultat commercial, devrait nécessairement être conçue selon des principes analogues à celui du bec de gaz tout au moins à deux points de vue : en premier lieu, ce serait de donner un éclairage modéré et deuxièmement, il faudrait que pareille lampe fût conçue de telle façon que l'une d'entre elles pût être allumée et éteinte séparément et indépendamment de n'importe quelle autre lampe. Avec cette première idée fortement ancrée dans mon esprit, nous reprîmes immédiatement nos essais.

L'expérience que j'avais acquise à la suite de mes multiples recherches m'amena à conclure que la seule solution possible du problème de la subdivision de l'éclairage électrique résidait dans la grande résistance des lampes combinée à une faible surface de radiation. En outre, il fallait qu'elles puissent fonctionner selon un système « arc multiples », c'est-à-dire indépendamment l'une de l'autre.

Je connaissais parfaitement les propriétés du carbone et je savais que si on pouvait parvenir à lui donner la forme d'un filament fin comme un cheveu, un filament de ce genre aurait vraisemblablement une très grande résistance et naturellement une très faible surface de radiation. Mais est-ce qu'un filament aussi fragile serait capable de supporter des chocs mécaniques et serait susceptible d'être maintenu à une température de 2 000 degrés ou davantage pendant au moins mille heures sans se rompre ?

En outre, est-ce que ce filament conducteur pourrait être fixé dans une ampoule vide construite si adroitement que, pendant toutes les heures au cours desquelles elle serait soumise à diverses températures, aucune particule d'air ne pourrait pénétrer pour décomposer le filament ? En outre, la lampe, une fois conçue, ne devrait pas se borner à demeurer une simple réalisation de laboratoire ; il faudrait en faire un article commercial courant capable d'être fabriqué à bas prix et en grande quantité et de supporter un transport sur de longues distances sans se détériorer. Toutes ces questions, ainsi qu'une multitude d'autres considérations de moindre importance, constituaient un problème extrêmement vaste.

Ainsi que je l'ai déjà dit, je constatai, au cours de mes premières expériences, qu'il m'était impossible de me servir avec succès du carbone parce que les petites baguettes que j'employais alors, bien qu'elles fussent beaucoup plus grandes que des filaments, ne résistaient pas et se consumaient en quelques minutes dans les meilleures conditions qu'il m'était alors possible de réaliser. Toutefois, dès que j'eus trouvé le moyen d'obtenir et de conserver un vide presque parfait, je revins aussitôt au carbone que j'avais toujours considéré dès le début comme la substance idéale pour la confection du filament.

Je décidai donc de vérifier ma théorie en employant un filament de cette nature et on pourra constater, sur le journal de mon ancien laboratoire, que, le 21 octobre 1879, après maints essais infructueux, nous réussîmes à carboniser un morceau de fil à coudre en coton auquel nous avions donné la forme d'un fer à cheval et que j'avais fixé à l'intérieur d'un globe de verre d'où j'avais chassé l'air jusqu'à ce qu'un vide d'un millionième d'atmosphère eût été obtenu. La lampe fut hermétiquement scellée puis retirée de la machine pneumatique et branchée sur le courant électrique.

Elle s'alluma et, au cours des premières minutes angoissantes, nous parvînmes à mesurer sa résistance. Elle était de 275 ohms. C'était tout ce que nous désirions. Puis nous nous assîmes pour contempler la lampe. Nous voulions voir combien de temps elle brûlerait. Le problème était résolu pour peu que durât le filament. Nous étions là, assis, à la regarder, et la lampe continuait de brûler. Plus elle brûlait, plus nous étions fascinés par elle.

Aucun d'entre nous n'alla se coucher et pas un d'entre nous ne dormit pendant quarante heures. Nous demeurions assis près d'elle à la surveiller avec une anxiété qui se transformait peu à peu en un sentiment d'intense satisfaction. La lampe brilla pendant quarante-cinq heures environ. Je me rendis compte alors que la lampe à incandescence pratique venait de naître. J'étais sûr que si cette lampe d'expérience assez rudimentaire avait brûlé quarante-cinq heures, je pourrais fabriquer une lampe susceptible de brûler des centaines d'heures et même jusqu'à mille heures.

Jusqu'alors, j'avais déjà dépensé plus de quarante mille dollars au cours de mes expériences sur la lumière électrique. Mais les résultats justifiaient largement ces dépenses car, avec cette lampe, je découvris qu'un filament de carbone dans des conditions de vide presque absolu était commercialement stable et pouvait supporter une haute température sans se décomposer ni s'oxyder comme cela s'était produit lors de toutes les tentatives précédentes effectuées à ma connaissance pour utiliser le carbone dans l'éclairage à incandescence. En outre, cette lampe avait comme caractéristique de posséder une très forte résistance en même temps qu'une faible surface de radiation, ce qui permettait d'économiser sur le prix des conducteurs et n'exigeait qu'un faible courant pour chaque unité lumineuse, condition nécessaire de la subdivision du courant destiné à l'éclairage électrique.

En inventant cette lampe à incandescence pratique, je n'avais fait qu'accéder au seuil de tout un système ; pendant que nous avions effectué toute une série d'expériences pour doter la lampe d'une perfection de plus en plus grande, je m'étais attaché à concevoir les diverses autres parties essentielles du système que j'avais élaboré. Il n'y avait alors aucun précédent pour une tentative pareille et il fut nécessaire d'inventer tout le matériel : dynamos, régulateurs, compteurs, interrupteurs, fusibles, conducteurs souterrains et quantité d'autres petits détails de ce genre. Tout était nouveau. Le seul objet existant déjà et dont nous puissions nous servir, c'était le fil de cuivre, encore qu'il ne fût pas isolé d'une façon convenable.

Mon laboratoire était le théâtre d'une activité fiévreuse et nous travaillions d'une façon continuelle sans savoir s'il faisait jour ou nuit, si c'était un dimanche ou une journée de vacances. J'avais une équipe assez importante de collaborateurs, hommes loyaux et fidèles, qui travaillaient avec acharnement et enthousiasme. Nous pûmes accomplir beaucoup en un très court espace de temps et, à Noël 1879, j'étais déjà parvenu à éclairer mon laboratoire, mon bureau, ma maison ainsi que divers autres immeubles, dans un rayon d'un cinquième de mille environ autour de la centrale électrique, ainsi qu'une vingtaine de lampadaires placés dans les rues. Le courant était transmis aux lampadaires par des conducteurs souterrains tout spécialement construits et isolés à cette fin. »

Quiconque apporte à l'étude de n'importe quelle question, une petite partie seulement de la persévérance et de l'intelligence de M. Edison ne saurait manquer de laisser cette question en meilleur état qu'il ne l'a trouvée. Telle est la grande leçon à tirer de la vie d'Edison, chercheur ou inventeur.

CHAPITRE XI

CULTIVER LA CURIOSITE

Un jour que j'étais allé, avec M. Edison, rendre visite à Luther Burbank, en Californie, notre hôte nous demanda de bien vouloir nous inscrire sur le registre des visiteurs. Il y avait sur ce registre une colonne pour les signatures, une pour les adresses, une pour les professions et une autre enfin réservée aux sujets intéressant particulièrement le signataire.

M. Edison signa en quelques traits de plume rapides — il trace cette signature si nette, dont chaque lettre se détache clairement, y compris le paraphe supérieur, en beaucoup moins de temps qu'il n'en faut à la plupart des hommes pour faire le moindre griffonnage. Dans la dernière colonne, il écrivit, sans la moindre hésitation :
« Tout. »

Voilà qui révèle bien le caractère de M. Edison. Il s'intéresse[4]

---

[4] Rappelons que cet ouvrage a été écrit avant la mort de l'illustre inventeur

littéralement à tout. Sa façon d'interroger les candidats à des emplois chez lui, en leur soumettant de longs questionnaires couvrant presque tout ce qui existe sous le soleil, n'est qu'un moyen de découvrir le genre de curiosité des candidats. Il n'aime pas les gens dont l'esprit ou les inspirations ne s'orientent que dans une seule direction.

Parmi ses collaborateurs, il ne tolère pas de spécialistes ou de techniciens qui se cantonnent dans une branche unique. Tout simplement il ne peut pas supporter d'hommes aux vues étroites. L'intérêt qu'il porte à toute chose est, à l'heure actuelle, aussi vif qu'il l'était il y a un demi-siècle, lorsque, tout jeune garçon, il décida de lire d'un bout à l'autre tous les volumes de la bibliothèque de Détroit, rayon par rayon, sans tenir compte du sujet des livres.

Non seulement il s'intéresse à tout, mais, comme il m'a été donné de le constater, il est également spécialisé en tout. Chacun sait qu'il est particulièrement versé dans les sciences, mais j'eus la surprise de découvrir, au cours du premier voyage que nous fîmes ensemble — comme, d'ailleurs, lors de nos voyages ultérieurs et chaque fois que nous nous sommes rencontrés l'ampleur de ses connaissances sur les oiseaux, les arbres et les fleurs. De même, il est parfaitement au courant de la géologie et de l'astronomie.

Ses connaissances en histoire et en politique sont très étendues et, bien que ce soit quelque chose dont on ne se doute guère, il ne se borne pas à éprouver un intérêt platonique pour les beaux-arts ; la simplicité de l'art et de l'architecture grecs l'a particulièrement séduit. Il a d'ailleurs un penchant très vif pour la ligne et les formes. Je n'ai, jamais vu de dessins ou de modèles tracés par lui qui ne fussent pas réellement admirables dans leurs moindres détails. Sa conception de la beauté s'associe à celle de la simplicité et s'écarte de tout ce qui est recherche et affectation. Ses œuvres ne donnent pas simplement un effet décoratif ; leurs lignes simples sont si harmonieuses qu'elles produisent une impression de beauté beaucoup plus grande qu'il ne serait possible d'obtenir dans un essai de décoration pure.

L'harmonie de ses dessins provient, je le crois, de l'exactitude de ses observations et de l'économie de chacun de ses efforts. Plus un projet est simple et meilleur il est. Le dessin le plus simple n'est pas seulement le meilleur du point de vue de l'utilité, c'est toujours le meilleur également du point de vue de l'art. Je soupçonne toujours un dessin laid ou trop compliqué de comporter quelque erreur. C'est généralement ce qui se produit. Le dessinateur n'a pas mûri son problème au point de pouvoir l'exprimer simplement.

M. Edison aurait pu réussir brillamment dans n'importe quelle branche où il lui aurait plu de travailler. Il n'a jamais échoué dans ce qu'il a entrepris, même étant enfant. Car dans tout il a apporté la même imagination éveillée et la même capacité de travail illimité. Avant d'avoir quinze ans, il avait réussi dans les métiers de cultivateur, de commerçant et de propriétaire de journaux. À douze ans, il conduisait la voiture de son père et vendait à Port Huron les produits du jardin. Mais il n'aimait pas les travaux manuels des champs. Il pensait qu'il avait mieux à faire. Voici comment il décida d'employer son temps à douze ans :

« Sarcler le maïs en plein soleil est une besogne complètement dépourvue d'intérêt. Or, à cette époque-là, la ligne du Grand Trunk Railroad fut prolongée de Toronto à Port Huron, à l'extrémité du Lac Huron, puis de là jusqu'à Détroit. Sur ces entrefaites éclata la guerre de Sécession. À force d'insister, j'obtins de ma mère la permission de devenir marchand de journaux dans le train de Port Huron à Détroit. La distance d'une ville à l'autre était de soixante-trois milles et le train partait de chez nous à sept heures du matin pour revenir à neuf heures et demie du soir.

Après avoir travaillé ainsi pendant quelques mois, j'ouvris deux boutiques à Port Huron, l'une pour les périodiques et l'autre pour les légumes, le beurre et les mûres pendant la saison. Ces boutiques étaient tenues par deux jeunes garçons avec lesquels je partageais les bénéfices. Mais je ne tardai pas à fermer ma boutique de périodiques, car le garçon qui la tenait n'était pas honnête ; je conservai l'autre boutique pendant près d'un an.

Peu de temps après que la ligne de chemin de fer eût commencé à être exploitée, on créa un train express qui partait de Détroit dans la matinée et revenait dans la soirée. Je reçus la permission de mettre un vendeur de journaux dans ce train. Le convoi comprenait un fourgon dont une partie était réservée au courrier et l'autre aux bagages, mais, pendant longtemps, il resta inutilisé. Chaque matin, je faisais apporter du marché de Détroit deux grands paniers de légumes qui étaient déposés dans le fourgon à courrier et transportés à Port Huron où mon aide venait les prendre pour les vendre. Ils étaient de bien meilleure qualité que ceux qu'on récoltait dans le pays et se vendaient facilement.

On ne me demanda jamais de payer le transport de ces paniers et je ne suis pas encore arrivé à me l'expliquer, sinon parce que j'étais si petit, si débrouillard, et que le fait de se servir d'un fourgon destiné au courrier des États-Unis pour transporter des légumes sans bourse délier paraissait être une audace formidable. Je continuai pendant longtemps et, en outre, je me mis à acheter du beurre aux cultivateurs tout le long de la ligne et d'énormes quantités de mûres lorsque c'était la saison. J'achetais en gros et à bas prix, ce qui me permettait de consentir des rabais importants aux femmes des mécaniciens et des employés du train.

Après un certain temps, on créa un train quotidien d'émigrants. Ce convoi comportait généralement de sept à dix wagons toujours pleins de Norvégiens se rendant dans l'Iowa et le Minnesota. J'employai encore un jeune garçon à vendre du pain, du tabac et des bâtons de sucre d'orge dans ce train. Au fur et à mesure que la guerre se prolongeait, la vente des journaux quotidiens devenait de plus en plus rémunératrice et j'abandonnai le commerce des légumes. »

Un garçon ordinaire se serait contenté de faire tout bonnement le travail qu'on lui avait confié et rien de plus. Mais Edison éprouve toujours le besoin d'améliorer et de perfectionner tout ce qu'il rencontre. L'esprit de compétition est très développé en lui ; il ne laisse jamais passer un défi sans le relever.

On remarquera également que même les fonctions de marchand de journaux devinrent trop importantes sous son impulsion pour être assurées par lui seul et qu'il n'hésita pas à se procurer aussitôt un aide.

Pendant tout le temps que dura la Guerre Civile, Edison profita de la situation qu'il occupait pour accroître la vente des journaux. Un jour qu'à Détroit il attendait le départ de son train, il entendit parler de la bataille de Shiloh où il y avait eu de nombreux morts et blessés. Il vendait habituellement une centaine de journaux par voyage. Il décida aussitôt d'en acheter mille et s'arrangea avec ses amis du télégraphe pour faire placarder, dans chaque gare, la nouvelle de la bataille. Voici ce qui se produisit :
« La première gare, raconte-t-il, appelée Utica, était très peu importante et je n'y vendais généralement que deux journaux. J'aperçus de loin une véritable foule sur le quai et pensai que c'était quelque groupe d'excursionnistes, mais lorsque je descendis du train, ce fut une véritable ruée sur mes journaux. Je me rendis compte que le télégraphe était vraiment une

grande invention. Je vendis cette fois-là trente-cinq journaux à Utica.

« La station d'après s'appelait Mount Clemens ; c'est maintenant une ville d'eaux mais, à l'époque, elle ne comptait guère plus de mille habitants. J'y vendais généralement six à huit journaux. J'ai décidé que si je trouvais une foule nombreuse, je corrigerais mon manque de jugement en augmentant le prix de cinq à dix cents. La foule était là et j'ai augmenté le prix. J'en fis de même à diverses autres villes où il y avait affluence de clients.

J'avais toujours l'habitude, en arrivant aux abords de Port Huron, de sauter du train, à un quart de mille environ de la gare, au moment où le convoi ralentissait. J'avais amené à cet endroit plusieurs sacs de sable pour sauter plus commodément, et j'étais devenu très adroit dans ce genre d'exercice. Lorsque je parvins, ce soir-là, aux abords de la ville, je vis toute une foule de gens accourus à ma rencontre. Je me mis alors à hurler :
— Un numéro sensationnel ! Vingt-cinq cents le numéro ! Il n'y en aura pas assez pour tout le monde !
Je vendis tous mes journaux et réalisai ainsi ce qui était alors pour moi un gain considérable. »

Tout en faisant ce commerce, il rédigeait et imprimait son propre journal dans le train, lisait tous les livres qu'il pouvait trouver et, par-dessus tout, réalisait les expériences chimiques ou autres qui lui tenaient à cœur. C'est le désir de réaliser des expériences, je ne saurais trop le répéter, qui explique tout cela. Edison n'avait aucun penchant particulier pour la vente des journaux ou pour le commerce, il n'en avait qu'un, en réalité : c'était l'amour de la recherche, de l'investigation. Mais il savait saisir la moindre occasion susceptible de lui procurer l'argent dont il avait besoin pour ses travaux scientifiques.

Il n'a jamais, à proprement parler, manqué d'argent, sinon lorsqu'il cessait d'en gagner afin de pousser plus activement les recherches qui étaient l'unique but de sa vie. Il n'a jamais toléré que le manque d'argent pût limiter la portée de ses travaux. Dès qu'il se trouvait à court d'argent, il se remettait de nouveau à en gagner. Il considère d'ailleurs le simple fait de gagner de l'argent comme une chose facile, qui ne mérite pas qu'on se donne beaucoup de peine pour elle.

CHAPITRE XII

RELEVER LES DEFIS

Edison a une disposition innée à exceller en tout ce qu'il entreprend. Jamais opérateur de télégraphe ne fut plus rapide et plus exact que lui. Il en est toujours aussi fier qu'il y a de nombreuses années, lorsque les opérateurs de Boston essayèrent de le « piéger » au moment où il venait d'être nommé à son premier poste important. Voici l'histoire, tel qu'il l'a racontée souvent :

« Je pénétrai dans la grande salle du télégraphe et fus présenté au chef du service de nuit. Comme il faisait froid et que j'étais pauvrement vêtu, mon aspect assez singulier provoqua des sourires ironiques et, comme je l'appris par la suite, les opérateurs de nuit s'étaient entendus pour me brimer de belle façon. On me donna une plume et on me désigna le fil n°1 de New York.

Après avoir attendu une heure, on me plaça à une table spéciale pour prendre un compte rendu destiné au Boston Herald. Les conspirateurs s'étaient arrangés pour que la dépêche fût envoyée de New York par un des télégraphistes les plus rapides et ils lui avaient recommandé de « saler » le nouveau. Je m'assis donc à la table sans le moindre soupçon, et le manipulateur de New York commença la transmission à une allure assez lente. Mais, bientôt, il augmenta sa vitesse et je parvins très facilement à m'y adapter. Cela ne fit qu'accroître l'ardeur de mon rival. Il s'efforça de transmettre le plus vite possible, mais je continuai à régler mon allure sur la sienne.

À ce moment, il m'advint de regarder au-dessus de ma table et je vis tous les autres opérateurs penchés sur mon épaule, le visage rayonnant de joie et d'allégresse. Je compris alors qu'ils étaient en train de me jouer un tour, mais je ne fis aucune observation.

Le manipulateur de New York se mit alors à mal composer ses mots, à les lier les uns aux autres et à mêler les signaux. Mais j'avais été accoutumé à ce genre de transmission lorsque je prenais des comptes rendus et cela ne m'intimidait pas le moins du monde. Finalement, lorsque j'estimai que la plaisanterie avait assez duré, je tournai tranquillement la clef et fis remarquer télégraphiquement au camarade de New York : Dites donc, jeune homme, changez donc un peu d'allure et ne transmettez plus avec ce pied-là.

Le manipulateur de New York en fut complètement ébahi, et ce fut un de ses collègues qui acheva la transmission. »

Comme je l'ai déjà dit, Edison se tient toujours au courant des nouvelles du jour, même s'il est surchargé de besogne, car il ne lui faut que quelques minutes pour extraire l'essentiel d'un quotidien. Il ne demeure jamais à l'écart des événements de ce monde et sait exactement tout ce qui se passe en politique.

Au cours de la dernière campagne présidentielle, il suivit avec beaucoup de soin les discours des divers candidats. Notons, à ce propos, qu'en politique, il n'est jamais neutre. Il sait toujours de qui il est partisan et de qui il est l'adversaire et, si on l'interroge, il expose son point de vue exactement et clairement, sans tenir compte des gens qu'il risque d'offenser. Certes, il ne se mettra jamais en peine pour offenser qui que ce soit, mais il ne manquera pas d'exprimer ses opinions d'autant plus clairement qu'elles risquent de ne pas être conformes à celles de ses interlocuteurs. Son éducation politique date du jour où il était opérateur du télégraphe et où il prenait des millions de mots de comptes rendus parlementaires. À cette époque-là, il connaissait si bien les membres du Congrès que souvent, lorsque c'était nécessaire, il parvenait à reconstituer leurs discours. Par exemple :

« C'est à Louisville que je commençai à me spécialiser dans la transmission d'articles de journaux. Je n'étais pas un très bon transmetteur, c'est pourquoi je m'étais spécialisé dans la réception des comptes rendus de presse. Les journalistes m'avaient autorisé à aller les voir à l'imprimerie lorsque j'avais fini mon travail à trois heures du matin et à prendre toutes les épreuves que je désirais. Je les emportais chez moi et je les déposais au pied de mon lit. Comme je ne dormais jamais plus de quatre à cinq heures, je me réveillais à 9 ou 10 heures et je lisais ces épreuves en attendant de déjeuner.

C'est ainsi que je pouvais me tenir au courant et connaître ce que faisaient tous les membres du Congrès et de quelle commission ils faisaient partie. De même, je me tenais au courant de tous les événements d'actualité, ainsi que du prix des marchandises sur tous les grands marchés. Je me trouvais ainsi mieux que les autres opérateurs en mesure de faire appel à mon imagination pour remplacer les mots ou les phrases qui manquaient. Cela arrivait fréquemment, à cette époque où les fils étaient de mauvaise qualité et mal isolés, notamment les nuits où il y avait des tempêtes. Dans ce cas, il m'arrivait parfois de tirer de mon imagination un cinquième de toute la matière des télégrammes. »

Il est tout à fait caractéristique de constater comment M. Edison parvenait à saisir le sens des dépêches au fur et à mesure qu'on les transmettait et sans la moindre hésitation. C'est de cette façon que M. Edison recueille ses renseignements. Il n'a pas besoin de chercher pour se rappeler quoi que ce soit survenu dans sa vie ou même quelque chose qu'il ait lu.

Au cours de ces dernières années, pendant que je recueillais tout ce dont il s'était servi pour édifier ses anciens laboratoires, je fus souvent obligé de l'interroger sur des questions de détails concernant sa première installation. Aussitôt, il prenait un crayon et m'indiquait la position exacte de chaque chose à cette époque-là. Si une machine manquait, non seulement il me la dessinait, mais il était capable de me dire où il l'avait achetée et quel fabricant était susceptible de m'en procurer une autre.

Il lit absolument tout, y compris la plupart des livres et des romans populaires qui paraissent. Il lui arrive de ne pas lire jusqu'au bout un livre, mais, en quelques minutes, il découvre s'il désire ou non le lire complètement et ce qu'il a lu, il le retient bien et sans efforts.

On pourrait croire, d'après tout ce que je viens de dire, que M. Edison est en quelque sorte une machine à travailler. Bien au contraire, il est très humain et aime se trouver en compagnie quand il n'est pas profondément occupé par quelque travail. Il n'aime pas le formalisme et assiste très rarement à des banquets ou à des cérémonies de ce genre. Il est très difficile de le faire aller quelque part, et pourtant il fut une époque où il aimait le théâtre. Sa mémoire est une véritable mine d'anecdotes et d'histoires drôles ; il pourra passer tout un après-midi, en commençant par la Chine, à vous citer des exemples de la façon dont on raconte des histoires dans tous les pays et en toutes langues. Ce don seul eût suffi à faire de lui un homme extraordinaire.

Il ne fréquente guère les gens amateurs de types curieux ou adorateurs de héros, car il estime qu'il est plus important pour lui de continuer ses travaux que de bavarder sans raison. Il ne voit d'ordinaire que des gens qui ont vraiment quelque chose à lui dire ou quelque affaire sérieuse à lui proposer. Sa façon de se comporter avec ses jeunes amis est des plus charmantes par la façon dont il révèle patiemment à leurs yeux les merveilles du monde qu'il a créé.

CHAPITRE XIII

A SON PROPRE RYTHME

Les heures de sommeil que s'accorde M. Edison ont donné lieu à de nombreux commentaires. Parfois on va jusqu'à le représenter comme un homme qui ne dort jamais. Il est vrai qu'il n'a pas un nombre fixe d'heures réservées au sommeil chaque nuit. Il peut dormir quatre heures, comme il peut dormir neuf heures, ou encore ne pas dormir du tout. Il règle son sommeil sur le besoin de dormir qu'il éprouve.

Il a remarqué que lorsqu'il s'intéresse intensément à quelque chose, il ne lui est pas nécessaire de se coucher et de dormir normalement. Il continuera à travailler jusqu'à ce que son intelligence, comme il le dit lui-même, cesse de fonctionner convenablement. Alors, où qu'il se trouve, il s'étend et s'endort.

Il m'a dit qu'il ne rêve jamais. Il peut s'endormir instantanément à n'importe quel moment et en n'importe quel lieu.

On sait que ce qui compte, ce n'est point la quantité, mais la qualité du sommeil, et M. Edison finit probablement par avoir toute la dose de sommeil dont il a besoin. Il n'a jamais fait allusion, devant moi, à une réaction quelconque provoquée par l'insuffisance de sommeil, et je ne crois pas qu'il en ait jamais eue. Lorsque nous faisons du camping, il s'endort toutes les fois qu'il en a envie, c'est-à-dire lorsque ce qui se passe autour de lui ne l'intéresse pas. Si les visiteurs ou les circonstances présentes lui sont indifférentes, il s'endort sur son siège. Puisqu'il n'a rien d'autre à faire, il estime alors qu'il ferait tout aussi bien de se reposer et d'emmagasiner à nouveau de l'énergie.

Il en va de même pour ce qui est du manger. Edison est un homme solidement charpenté et d'une grande force ; mais il n'a jamais fait systématiquement d'exercice physique parce qu'il n'en a pas besoin. C'est essentiellement un homme actif, et pour quelqu'un qui travaille surtout à l'intérieur d'un laboratoire, on peut dire qu'il sort beaucoup au grand air. S'il est invité à un dîner, il lui arrive, soit d'emporter avec lui des mets qui lui plaisent, soit de manger avant de partir de chez lui.

Quand il était jeune homme, il mangeait tout ce qu'il pouvait s'offrir, mais, avec le temps, il a découvert les mets qui lui conviennent le mieux et auxquels il s'en tient. Il fume et chique du tabac, mais n'a jamais bu d'alcool. En outre, s'il se sert de tabac, il n'en est pas moins un ennemi de la cigarette qu'il exècre. Il n'est d'ailleurs pas le seul à être de cet avis.

Sa vie entière se trouve réglée selon un programme qui tend à économiser l'effort ; il déteste faire quoi que ce soit d'inutile. L'organisation de son sommeil provient précisément du désir d'économiser du temps. Dans ses premiers laboratoires, il avait toujours une horloge, mais sans le moindre mécanisme à l'intérieur, tout simplement pour montrer qu'en ce lieu on n'était pas esclave du temps, tel que le mesure une horloge. Ainsi, au lieu de s'en tenir à la routine des heures d'horloge, c'est lui-même qui fixe la durée de ses journées.

Le même principe se retrouve dans sa façon d'écrire. Il sépare nettement chaque lettre, et s'il fait ainsi, c'est parce qu'à la suite d'une série d'expériences il a découvert que c'était la meilleure manière d'écrire lisiblement et rapidement avec le minimum d'efforts.

« J'ai adopté cette écriture, a-t-il dit, lorsque je prenais au télégraphe des comptes rendus de presse. Mon fil se trouvait relié à un appareil de Cincinnati, si défectueux que lorsque je manquais un mot ou une phrase, ou quand le fil fonctionnait mal, je ne pouvais pas suspendre la communication et redemander les derniers mots, car l'opérateur de Cincinnati n'avait point d'appareil lui permettant de m'entendre. Je devais me contenter de ce qui parvenait jusqu'à moi.

« Lorsque je débutai dans cet emploi, le câble traversant la rivière Ohio, à Covington, subissait des infiltrations variables, ce qui provoquait de violentes fluctuations dans la force du courant signaleur. Le son était mauvais, mais je parvenais à transcrire assez facilement. Lorsqu'en sus de cette infiltration infernale, les fils au nord de Cleveland se mettaient à mal fonctionner, il fallait déployer beaucoup d'imagination pour reconstituer le sens du message envoyé.

Or, l'imagination, pour s'exercer, exige un certain temps, et comme le télégramme était transmis à une vitesse de trente-cinq à quarante mots à la minute, j'avais beaucoup de peine à écrire ce qui me parvenait et à imaginer en même temps ce qui n'arrivait pas jusqu'à moi. C'est pourquoi il m'était nécessaire d'apprendre à écrire très vite. Je me mis donc à rechercher quelle était l'écriture la plus rapide.

Je découvris que l'écriture droite, chaque lettre étant bien séparée et dénuée de toute fioriture, était la plus rapide, et que la vitesse devenait d'autant plus grande que les lettres étaient plus petites. Comme je prenais en moyenne de huit à quinze colonnes de comptes rendus de presse chaque jour, il me fallut peu de temps pour perfectionner ma méthode. »

Son écriture est aujourd'hui tout aussi nette et presque aussi rapide qu'elle l'était il y a plus de cinquante ans quand il commença à la former.

Les habitudes et les méthodes de M. Edison lui sont propres ; elles ont été élaborées pour convenir à lui, et non à quelqu'un d'autre. Mais qu'advenait-il des collaborateurs qui ne pouvaient pas se plier à ses habitudes ? C'est bien simple. L'une des épreuves d'après lesquelles il jugeait les candidats portait sur la façon dont ils étaient susceptibles de s'adapter à ses habitudes de travail. Il est remarquable de constater qu'un si grand nombre de collaborateurs, plaçant le travail au-dessus de tout, aient été capables non seulement de rester avec Edison, mais de régler leurs propres habitudes, de façon à pouvoir travailler pendant de longues heures toutes les fois que c'était nécessaire.

Il ne laissait jamais ses collaborateurs travailler seuls pendant la nuit ; il se tenait toujours au milieu d'eux et faisait autant de besogne à lui seul que deux d'entre eux. Si un aide avait besoin de dormir, il s'abandonnait au sommeil de la même façon qu'Edison. J'ai observé que tant qu'un homme s'intéresse vivement à un travail, il n'a guère besoin de sommeil. Mais le sommeil survient pour peu que l'intérêt commence à faire défaut.

Edison, je l'ai déjà dit, est profondément humain, mais il ne se laisse pas facilement attendrir. Il ne pense pas qu'on aide quelqu'un en lui faisant la charité, mais il aidera volontiers un homme à « s'aider lui-même ». J'ai raconté, dans un précédent chapitre, comment Edison étant jeune, sauva la petite fille du chef de gare Mackensie, à Mount Clemens, et comment, par reconnaissance, Mackensie lui apprit les éléments de la télégraphie. Les années passèrent et Edison devint une personnalité mondiale. Un beau jour, le chef de gare alla le trouver, dans son laboratoire de Menlo Park, et lui dit :

— Je me fais vieux et je viens de perdre ma place. Maintenant que vous êtes un homme célèbre, j'ai pensé que vous pourriez peut-être faire quelque chose pour moi. Pouvez-vous me donner du travail ou me procurer un emploi ?

— Je ne sais pas du tout où il y a des emplois vacants, répondit M. Edison, mais je sais qu'à New York des gens vont donner cinq mille dollars à quiconque inventera un système d'alarme pour les incendies dans lequel un poste d'appel ne risquera pas d'en gêner d'autres sur la même ligne. Pourquoi n'essayeriez-vous pas de construire cela ? Vous pourriez gagner la prime.

— Je n'ai jamais rien inventé, objecta le chef de gare. Comment pourrais-je avoir des chances de gagner la prime ? Je suppose, d'ailleurs, que les concurrents seront nombreux.

— Qu'est-ce que cela peut bien faire ? poursuivit M. Edison. Vous êtes télégraphiste. Vous connaissez autant d'électricité que moi lorsque j'ai débuté. Je sais que si j'avais le temps, je pourrais réaliser le dispositif en question, mais je suis trop pris par mes autres affaires. Je veux vous donner une chance de gagner la prime et, pour cela, je mets à votre disposition mon laboratoire. Vous pourrez bien faire le reste.

Le chef de gare se mit donc au travail, avec ce but précis à atteindre. Il construisit tout le dispositif demandé et gagna la prime de cinq mille dollars. Par la suite, il inventa nombre d'autres appareils et mourut à la tête d'une fortune très respectable.

Il avait continué à fréquenter le laboratoire jusqu'à sa mort, car il était d'une agréable compagnie. M. Edison aime les bonnes histoires, et Mackensie possédait un stock illimité de plaisanteries et d'anecdotes. Il participa également à l'invention de la lampe à incandescence, non pas comme chercheur, mais comme fournisseur de matière première.

« Une fois que j'eus carbonisé tout ce qui était possible et imaginable pour fabriquer le filament des lampes, raconte Edison, je demandai à Mackenzie une poignée de poils de sa barbe rousse et touffue. Nous avions tout essayé. Peut-être qu'un poil ferait l'affaire, après tout. La barbe de Mackensie se carbonisait bien, et lorsque les lampes Edison-Mackensie furent amenées à incandescence, elles donnèrent des rayons rouges de toute beauté. Chose curieuse, quelques années plus tard, un inventeur prit réellement un brevet pour la fabrication de lampes à incandescence dotées de filaments en cheveux carbonisés !

CHAPITRE XIV

UN HOMMAGE A EDISON

Edison a le sens de l'humour très développé. Il voit toujours le côté drôle et amusant des choses, et il sait égayer n'importe quelle question avec une anecdote généralement amusante. Le soir, au camp, autour du feu, s'il commence à raconter des histoires, il continue jusqu'à une heure ou deux heures du matin, car il ne s'aperçoit jamais de l'écoulement du temps. Il possède une énorme collection d'anecdotes, et parfois il en raconte qui expriment l'humour propre à chacune des nations du globe.

Il ne peut pas comprendre un homme qui n'a pas le sens de l'humour. La plupart des financiers avec lesquels il se trouva en rapport à ses débuts étaient remarquables par ce fait qu'ils étaient absolument dépourvus du sens de l'humour. Ils se servirent de lui pour leurs fins particulières et lui, en retour, se servit d'eux également pour ses propres fins.

Il accepte les gens comme ils sont et ne leur reproche pas d'être tels qu'ils sont. S'il a éprouvé quelques déboires dans certaines transactions financières, c'est uniquement parce qu'il se préoccupait davantage de poursuivre ses recherches pour obtenir une invention nouvelle que de s'attarder à gagner de l'argent. Je ne pense pas qu'il ait été dupé parce qu'il ignorait les agissements de son associé. Mais il ne s'en souciait pas, du moment que son propre travail, à lui, avait été bien fait.

Il est extrêmement indulgent, sauf à l'égard du mauvais travail.

Pour découvrir un être humain qui ne doive rien à Edison et qui n'ait pas bénéficié de son œuvre, il faudrait aller au plus profond des forêts vierges. Partout où la civilisation existe, on retrouve toujours Edison. Je le considère comme le plus grand Américain qui ait jamais existé. Il est vrai que mes sentiments à son égard se justifient aussi, en partie, pour des raisons purement personnelles.

Il fut le premier à me venir en aide. Aussi puis-je savoir, par ma propre expérience, à quel point il peut être utile à quelqu'un. Il m'a semblé qu'on devrait non seulement faire quelque chose pour honorer sa mémoire, mais, et ceci me paraît encore plus important, entretenir la force de son exemple et de son œuvre pour qu'elle servît de stimulant continuel aux autres chercheurs. Ce n'est point par des phrases ni par des statues qu'on peut y parvenir.

Le meilleur moyen que je sache de garder bien vivace le souvenir d'un homme, c'est de perpétuer le décor des lieux où il a vécu et où il a accompli l'essentiel de sa tâche.

À Menlo Park, dans l'État de New Jersey, M. Edison a inventé le phonographe et tout le système d'éclairage par la lampe à incandescence ; à Fort Myers, en Floride, il a perfectionné l'enregistrement des sons et réalisé diverses autres inventions importantes.

Il y a bien longtemps qu'il a abandonné Menlo Park, mais, avec le concours de M. Edison et de ses amis, nous avons reconstitué Menlo Park à Dearborn, sous son aspect authentique, avec les arbres, les buissons qui l'entouraient. Nous y avons transporté tout ce que nous avons pu retrouver des bâtiments, du mobilier et du matériel primitifs, et lorsque nous avons dû recourir à des objets neufs, ces objets sont des reproductions exactes des originaux.

On pourra ainsi contempler les lieux mêmes qui virent naître l'éclairage électrique, et l'on constatera combien les plus grandes découvertes s'effectuent simplement.

Nous y avons transporté aussi le laboratoire de Fort Myers, et nous avons également retrouvé ou on nous a donné — la plupart des dessins, des modèles et des divers autres témoins des recherches qu'y opéra M. Edison. Ceux-ci se trouveront exposés dans une aile du musée, ainsi qu'à l'Institut Edison de Technologie, édifié pour faire connaître les grandes œuvres scientifiques. Ce musée abritera une collection d'objets purement américains, et l'on y retrouvera tous les outils, toutes les machines utilisés aux États-Unis depuis l'époque coloniale jusqu'à nos jours. Dans une autre section, on exposera des modèles de tous les moyens de transmission du mouvement dont s'est servi l'humanité.

Tout cela, d'ailleurs, est un peu en dehors de notre sujet. Mais l'essentiel, c'est que le musée tout entier et l'école ont été dédiés à M. Edison. Il a tracé sa signature dans un gros bloc de béton sur lequel, d'ailleurs, il a également laissé l'empreinte de ses semelles en allant y enfoncer la bêche favorite de Luther Burbank, car Luther Burbank est encore un de ces hommes dont il faut conserver l'œuvre et les méthodes pour que les générations futures puissent s'en inspirer.

Le groupe de bâtiments en construction entoure un petit édifice central qui est une reproduction exacte de l'Independence Hall de Philadelphie ; j'estime qu'Edison, par son œuvre, a formulé une nouvelle déclaration d'indépendance. Les objets exposés dans ce musée marquent les étapes de nos progrès dans l'indépendance économique. C'est pourquoi nous avons jugé opportun de reproduire à cet endroit l'édifice le plus significatif de notre pays.

La reconstitution de Menlo Park a été une opération du plus vif intérêt en soi.

Après avoir eu quelques difficultés avec le propriétaire de son laboratoire de Newark (ce laboratoire n'était d'ailleurs qu'un pis-aller), Edison, en 1876, décida d'installer son nouveau laboratoire à Menlo Park, après avoir visité nombre de petites villes. Il lui fallait une localité où le terrain fut bon marché, où il pourrait avoir toute la place dont il avait besoin, et où il ne serait pas dérangé par les bruits d'une grande agglomération urbaine. C'est ainsi que son choix se porta sur Menlo Park.

Lorsque M. Edison et moi nous décidâmes, en définitive, de reconstituer Menlo Park dans un site analogue à Dearborn, nous nous rendîmes sur le terrain en compagnie d'une équipe d'arpenteurs. Il nous fut possible de retrouver les fondations de la plupart des bâtiments, et M. Edison parvint à situer l'emplacement des anciennes constructions de bois. Un jeu complet de plans fut ainsi relevé et reporté, par la suite, sur le terrain de Dearborn. Nous avons pu tout reconstituer, sauf le climat.

La première et la plus importante de ces anciennes constructions était un laboratoire en planches qu'Edison fit édifier en 1876 et dont il se servit pendant dix ans. Nous n'en retrouvâmes que les fondations et quelques fragments du plancher. Des entrepreneurs s'étaient servis d'une partie de la charpente et des boiseries pour d'autres constructions ; le reste avait disparu. M. Edison se souvenait parfaitement des dimensions de l'édifice, et il nous en traça le plan. Les chiffres qu'il avait donnés furent confrontés avec les mesures des fondations ; ils étaient, comme à l'habitude, absolument exacts. Puis nous enlevâmes les fondations, brique par brique, pilier par pilier, et le tout, dûment numéroté, fut expédié à Dearborn. En même temps, nous parvenions à découvrir une partie de l'ancienne charpente dans trois maisons différentes. Ces maisons furent achetées ; on en prit le bois et nous les fîmes reconstruire par la suite.

L'une des anciennes portes fut retrouvée dans la boutique d'un coiffeur ; une autre chez une modiste. Nous dépistâmes aussi plusieurs chaises dans les maisons voisines ; une bonne quantité de meubles furent récupérés de la sorte et expédiés vers leur nouvelle destination. Il est curieux de constater à quel point des chaises et autres meubles peuvent durer longtemps et de voir comme il leur arrive de faire de longs voyages.

Le laboratoire, tel qu'il se trouve reproduit maintenant à Dearborn, est un bâtiment à un étage. Il y a deux petits bureaux au rez-de-chaussée, car, à l'origine, les bureaux et tous les services accessoires se trouvaient réunis dans le même bâtiment. Le premier étage comporte une vaste pièce bien éclairée.

Francis Jehl, qui collaborait avec Edison à cette époque, et qui est l'un des trois derniers survivants parmi ceux qui virent naître la lampe à incandescence, nous aida à disposer le contenu de ce bâtiment.

Ce fut, raconte-t-il, à l'étage supérieur de ce laboratoire que les expériences les plus importantes furent effectuées ; c'est là que naquit la lampe à incandescence. Cet étage comportait un vaste hall meublé de plusieurs longues tables sur lesquelles on pouvait trouver tous les instruments, tous les appareils scientifiques qui existaient à cette époque. Des livres traînaient un peu partout et, de côté et d'autre, on pouvait voir des maquettes de dispositifs auxquels travaillaient Edison ou ses collaborateurs.

« Les murs étaient garnis de rayons couverts de fioles, de bouteilles et autres réceptacles contenant tous les produits chimiques imaginables, tandis qu'à l'extrémité du hall, près de l'orgue installé tout au fond, se trouvait une grande vitrine contenant des métaux précieux en fils et en feuilles, ainsi que les produits les plus rares et les plus coûteux. Au crépuscule, lorsque les derniers rayons du soleil couchant pénétraient par les fenêtres latérales, ce hall avait vraiment l'apparence du laboratoire de Faust.

Notre table d'essais se trouvait au rez-de-chaussée. Elle était fixée sur deux grands piliers de briques s'enfonçant profondément dans le sol, afin d'éviter toute vibration qui aurait pu influencer les appareils extrêmement sensibles placés dessus, notamment le galvanomètre et l'électromètre de Thomson. Cette table d'essais se trouvait reliée par des fils à toutes les autres parties du laboratoire et de la salle des machines, afin de permettre l'exécution à distance de toutes les mesures et observations, car il n'y avait pas à cette époque d'appareils portatifs à lecture directe, comme il en existe maintenant.

En face de cette table fut installée, plus tard, notre chambre photométrique, construite selon les principes de Bunsen. À quelque distance de la table d'essais, dont il était séparé par une cloison, se trouvait le laboratoire d'expériences chimiques avec ses fourneaux et ses cornues. On aménagea, par la suite, un autre laboratoire chimique près de la chambre photométrique. »

L'édifice actuel, tel que nous l'avons construit, comporte à peu près pour moitié des boiseries et charpentes originales, et le reste est fait de matériaux neufs, mais chaque détail a été scrupuleusement reproduit. Le matériel scientifique original a disparu, car M. Edison ne s'est jamais embarrassé de quoi que ce fut une fois qu'il avait cessé de s'en servir ; mais nous avons pu recueillir, çà et là, quelques objets authentiques, et nous sommes parvenus à obtenir des reproductions des autres. La maison *Eimer and Amend*, de New York, qui avait fourni à Edison ses premiers appareils et produits chimiques, nous a procuré de nombreux doubles. On a pu reconstituer très exactement l'orgue qui était au fond du laboratoire et sur lequel M. Edison accompagnait ses collaborateurs avec un doigt, lorsqu'ils se mettaient à chanter.

Il est possible que nous parvenions à recouvrer encore d'autres objets originaux comme nous l'avons fait de la façon suivante, assez inattendue : il y avait près de l'ancien laboratoire une excavation où poussait un cerisier. On avait pris l'habitude de jeter dans ce creux, d'une dizaine de mètres de diamètre, tous les appareils de rebut. Bien que la terre ait fini par tout cacher et que l'emplacement fût recouvert d'herbes, il me vint à l'esprit que nous pourrions peut-être retrouver quelque chose là-dessous. Des ouvriers s'attelèrent à la besogne et il fut possible de récupérer de la sorte vingt-six barils de débris divers et de résidus d'expériences. Cela nous valut plusieurs trouvailles intéressantes.

C'est dans ce bâtiment que le phonographe et la lumière à incandescence furent découverts par Edison et par ses valeureux collaborateurs. Bien que ce laboratoire fût l'essence même de leur vie, ils trouvaient pourtant le moyen de s'amuser tout en travaillant. Voici ce que raconte encore M. Jehl à ce sujet :

« Nos repas se terminaient toujours par un cigare et je dois dire que si Edison ne se montrait jamais difficile sur les aliments, il aimait cependant savourer un bon cigare. C'était pour lui un apaisement et une consolation. Souvent, pendant que nous étions en train de fumer nos cigares, après notre souper de minuit, l'un d'entre nous se mettait à jouer de l'orgue et tous nous commencions alors à chanter en chœur ou bien encore celui qui chantait le mieux faisait un solo.

Parmi les assistants d'Edison, l'un d'eux chantait avec une voix de fausset une rengaine qui nous faisait nous tordre de rire. Il avait en outre des dispositions particulières pour imiter le phonographe. D'autres fois, c'était Boehm qui jouait de la cithare quand il était bien disposé. Il nous amusait beaucoup aussi en chantant de jolies chansons allemandes.

Le laboratoire était fréquemment le rendez-vous de visiteurs joyeux et pleins d'entrain, la plupart vieux amis et connaissances de M. Edison. Parfois aussi, les employés du bureau venaient passer un instant avec nous et, comme tous ceux qui étaient présents se trouvaient toujours les bienvenus au souper de minuit, nous aimions beaucoup ces réunions. Après un certain temps, lorsque nous nous préparions à reprendre le travail, nos visiteurs déclaraient qu'ils allaient se coucher et nous autres nous restions à travailler, tandis qu'ils nous quittaient en chantant généralement quelques gais refrains comme : *Good night, Ladies*.

Souvent, lorsque M. Edison travaillait jusqu'à trois ou quatre heures du matin, il lui arrivait de se coucher sur une des tables du laboratoire et de tomber dans un profond sommeil avec deux ou trois livres pour oreiller. Il prétendait que cela lui faisait plus de bien que de dormir dans un lit bien moelleux. D'après lui, le lit gâte les hommes.

De temps en temps, on pouvait voir aussi des aides de laboratoire dormir sur une table, aux premières heures du jour. Si leurs ronflements importunaient ceux qui continuaient à travailler, on faisait marcher le « calmeur ». Cette machine consistait en une grande boîte de savon sans couvercle. On installait dessus une grande roue dentée munie d'une manivelle et l'on faisait donner contre la roue une languette de bois assez souple. La boîte était placée sur la table où dormait le ronfleur et l'on se mettait à tourner rapidement la manivelle.

Cela faisait un vacarme terrible et le dormeur bondissait aussitôt sur ses jambes comme si un cyclone s'était abattu sur le laboratoire. L'irrépressible humour du bon vieux temps nous faisait passer bien des moments joyeux qui semblaient rafraîchir en quelque sorte les collaborateurs et les faisaient travailler ensuite avec une vigueur toute nouvelle. »

Deux ans après avoir construit le laboratoire, M. Edison eut besoin d'un atelier de machines pour y installer sa dynamo et tout le matériel nécessaire à la réalisation de son système d'éclairage. Il fit édifier un grand bâtiment sans étages et y ajouta par la suite une annexe servant de station d'énergie. C'est dans ce bâtiment que la première dynamo d'Edison fut construite sous la direction de John Kruesi (c'était lui qui avait également réalisé le premier phonographe) et, dans l'annexe, on plaça huit de ces dynamos ainsi qu'un excitateur.

Ce fut la première « Centrale électrique Edison » qu'il y eut dans le monde, et, c'est avec cette centrale qu'Edison, à titre, de publicité, éclaira la petite ville où était situé son laboratoire. La première centrale exploitée commercialement fut celle qu'il installa dans Pearl Street, à New York, et dont nous avons parlé dans un chapitre précédent.

Nous trouvâmes à Menlo Park l'atelier des machines en

grande partie intact et parvînmes à récupérer la plupart des briques qui en avaient été enlevées. Ce n'était d'ailleurs pas difficile d'identifier les briques, bien qu'elles fussent incorporées à plusieurs autres bâtiments. Notre nouvel atelier des machines, tout au moins en ce qui concerne ses murs et ses fondations, est absolument original. Nous n'avons eu à mettre qu'un nouveau toit.

Nous avons eu moins de chance pour les machines. Il nous fut seulement possible de retrouver la chaudière. Quant à la machine à vapeur, aux dynamos et au reste du matériel, tout cela avait disparu, mais nous avons pu découvrir les fabricants et ils nous ont fourni des reproductions de tout ce matériel. M. Edison avait encore le plan des dynamos et nous en avons fait construire de nouvelles, ayant toutes les caractéristiques des machines originales.

Toutes ces machines sont en état de marche et la centrale électrique fournit la lumière du nouveau village, tout comme elle le fit pour l'ancien, avec des fils et des installations reproduisant exactement l'original. Nous avons même pu retrouver quelques-uns des anciens poteaux et accessoires. Ainsi nous pouvons montrer maintenant à tout le monde ce qu'était l'aspect du premier village qui fut jamais éclairé à la lampe à incandescence lorsqu'on lui donna pour la première fois le courant. Cela permet d'apprendre bien plus de choses que dans les livres.

L'autre bâtiment important est également en briques et, quoiqu'il soit neuf, nous l'avons construit en briques ressemblant exactement à celles dont s'était servi Edison pour ses premières constructions. C'était la seule salle d'exposition qui existait dans l'usine d'Edison. Elle fut construite en 1878 pour servir de bureau-bibliothèque. Mais elle devint nécessairement une salle d'exposition parce que c'était là que les capitalistes qui venaient admirer le système d'éclairage et les autres inventions étaient reçus. Cet édifice est totalement neuf, car il ne restait absolument rien de l'ancienne construction en dehors d'un unique volet. Bien que ce fût officiellement le bureau de M. Edison, le grand inventeur n'y passait guère de temps dans sa journée. Il se tenait constamment dans le laboratoire. D'ailleurs, M. Samuel Insull, qui travaillait alors avec M. Edison, a fait la description suivante de la façon dont fonctionnaient le bureau et le laboratoire :

« Je n'ai jamais cherché à réglementer de façon systématique les opérations commerciales d'Edison. Sa méthode de travail bouleverserait l'emploi du temps de n'importe quel bureau. On pouvait tout aussi bien le trouver au travail dans son laboratoire à minuit qu'à midi. Il ne se souciait jamais des heures du jour ni des jours de la semaine. S'il était fatigué, il était plus probable qu'on le trouvât endormi au milieu du jour qu'au milieu de la nuit, car la plus grande partie de ses travaux en ce qui concerne ses inventions eurent lieu pendant la nuit. Je dirigeais ses bureaux conformément à une méthode strictement commerciale ainsi que me le conseillait mon expérience, et je n'allais le trouver qu'au moment où cela pouvait lui convenir.

Parfois, il ne regardait pas son courrier pendant plusieurs jours d'affilée. Mais, à d'autres périodes, il se rendait régulièrement à son bureau tous les matins. Quelquefois, je m'arrangeais pour aller lui parler de ses affaires à Menlo Park la nuit si je me trouvais occupé à New York dans la journée.

En fait, comme cela lui convenait le mieux, je pris plus souvent l'habitude d'aller le voir la nuit car, pendant le jour, il me laissait toute liberté pour m'occuper de ses affaires. Ce n'était guère qu'au souper de minuit qu'il me permettait de lui prendre quelque temps pour l'entretenir de sa correspondance et, lui demander ses instructions sur la conduite à adopter dans certaines négociations particulières ou dans les questions financières. D'ailleurs, si les heures auxquelles je m'adressais à Edison pour lui parler de ses affaires étaient celles qui lui convenaient le mieux, cela s'accordait parfaitement avec mes propres aspirations car je pouvais ainsi, après avoir réglé avec lui les questions commerciales, avoir le privilège d'assister à ses travaux et connaitre un peu le côté technique de toutes ces questions.

Tout ce que j'ai pu apprendre au sujet de l'éclairage électrique, je le dois aux leçons que m'a données Edison. C'était, sur ce chapitre, le plus obligeant des professeurs, et je dois avouer qu'il dut faire preuve de beaucoup de patience en l'occurrence. »

Entre la salle des machines et le laboratoire, se trouvait en outre une petite construction en bois qui servait de menuiserie et à proximité de laquelle on avait installé la fabrique de gazolène, car, avant l'invention de la lampe à incandescence, le seul moyen d'éclairage dont se servait Edison était le gaz de gazolène. Plus tard, on l'utilisa pour chauffer la petite soufflerie de verre où étaient fabriquées les ampoules des lampes électriques. Cette verrerie se trouvait également installée dans un petit bâtiment en bois, auprès du laboratoire.

La menuiserie et la fabrique de gaz avaient aussi complètement disparu, mais nous sommes parvenus à les reconstruire complètement en les dotant d'un matériel complet. Par contre, nous avons encore la verrerie originale. C'est une construction sans étage de dix pieds de large sur vingt-sept de long avec un petit grenier.

On l'avait édifiée tout d'abord pour servir de studio de photographie. Mais, lorsqu'Edison rencontra tellement de difficultés pour obtenir les ampoules et les globes de ses premières lampes, il la transforma en verrerie ; Boehm non seulement y soufflait les ampoules jour et nuit, mais c'est là également qu'à ses moments perdus, il allait dormir dans le grenier. Il vivait littéralement à l'intérieur de son travail. Quand il ne travaillait pas ou qu'il ne dormait pas, on raconte qu'il jouait de la cithare, de cette cithare que mentionne M. Jehl.

La *General Electric Company* avait fait transporter ce bâtiment à Parsippany, où elle a ses usines. Elle nous l'a offert gracieusement. Nous avons retrouvé une partie du matériel original et le reste a pu être reproduit. Nous y avons fait souffler des ampoules par un verrier expérimenté, utilisant exactement le même matériel que celui dont on s'était servi au temps d'Edison.

Edison éprouvait beaucoup de difficultés à trouver du carbone pur. Nous avons construit une réplique d'un petit local dans lequel il fabriquait du noir de fumée, selon un procédé primitif, mais avec beaucoup de soin. Ce noir de fumée était ensuite comprimé en très petites tablettes, utilisées à l'époque dans les transmetteurs à carbone. C'était le gardien de nuit, Alfred Swanson, qui s'occupait de cette curieuse usine, laquelle consistait simplement en une batterie de lampes à pétrole que l'on faisait filer constamment. De temps à autre, pendant la nuit, Swanson venait recueillir la suie qui s'était déposée sur les cheminées. Cette suie était alors divisée en très petites fractions que l'on comprimait en forme de boutons ou pains à cacheter à l'aide d'une presse à main. On les envoyait ensuite aux fabricants de transmetteurs téléphoniques.

Nous avons intégralement reproduit tout cela pour montrer les obstacles que les pionniers de la science avaient à franchir pour obtenir leurs matériaux. À proximité, M. Edison avait un petit chemin de fer expérimental mû par l'électricité, mais nous n'allons pas le reconstituer.

Le groupe de bâtiments ne serait pas complet sans une construction essentielle qui n'appartenait pas cependant à M. Edison. Il s'agit de la pension Sally Jordan, où les collaborateurs d'Edison prenaient leurs repas et dormaient lorsqu'ils pouvaient s'éloigner du laboratoire. Elle fut la première maison éclairée avec des lampes à incandescence. Ce bâtiment comporte treize chambres et nous avons eu la bonne fortune de le retrouver intact et tel qu'il était à l'époque d'Edison.

Nous l'avons démonté morceau par morceau, jusqu'aux briques des cheminées. Dans la maison que l'on voit actuellement à Dearborn, il n'y a pas le moindre clou qui ne provienne de l'ancienne pension de famille. Nous y avons placé une bonne partie du mobilier de l'époque et nous avons pu reconstituer la plupart des chambres telles qu'elles étaient alors, à l'exception toutefois d'une seule dans laquelle j'ai installé le mobilier provenant de la chambre où est né M. Edison, à Milan (Ohio).

Ainsi le groupe entier est complet dans tous ses détails, intérieurement et extérieurement. Le visiteur pourra ainsi contempler le décor de ces illustres expériences, y compris les outils et machines qui servirent à leur réalisation. Il y retrouvera même en quelque sorte l'atmosphère de ce lieu où tant d'efforts gigantesques furent tentés. C'est de là que proviennent le transmetteur à carbone, le phonographe, la lampe à incandescence, le système Edison de distribution électrique, la dynamo commerciale, le chemin de fer électrique, le mégaphone, le taximètre et bien d'autres inventions encore. C'est là également qu'Edison a poursuivi et complété ses travaux antérieurs sur les montages quadruplex, sextuplex, multiplex et sur le télégraphe automatique. C'est là également qu'il poussa si loin ses recherches sur la télégraphie sans fil.

Le laboratoire de Fort Myers n'appartient pas au même groupe de bâtiments, mais afin de réunir tous les documents en un seul lieu, M. Edison m'en fit cadeau en 1928. Je l'ai fait venir de Floride et il a été également remonté à Dearborn. L'édifice qu'on peut voir est donc l'original. Il fut construit en Floride en 1884 par le père de M. Edison avec du bois venu du Maine. Dans un certain sens, c'était déjà une maison démontable à l'époque, car la plus grande partie du travail fut effectuée dans le Nord et les pièces en furent expédiées ensuite en Floride pour y être assemblées. Aussi sa reconstruction n'a-t-elle pas présenté de difficultés.

C'est également un édifice sans étage avec un petit bureau à l'une des extrémités. La grande salle servait à la fois de salle des machines et de laboratoire. Sur les murs, on voit des bouteilles et des produits chimiques de toute sorte et, au centre de la pièce, sont installées quelques machines légères, deux tours à grande vitesse, une machine à fabriquer des vis, un moulin, une foreuse, une pierre à aiguiser, une broyeuse. Toutes ces machines sont originales. Nous avons également l'original de la chaudière et du moteur.

Le bureau contient une table basse en noyer analogue à celle dont se servaient autrefois les télégraphistes et que je dénichai dans une gare à Fraser (Michigan). Il est possible que ce soit sur cette table-là qu'Edison a appris à télégraphier. Cela, il ne peut pas l'affirmer, mais ce qu'il sait bien, c'est qu'il a appris sur une table exactement pareille à celle-là. C'est également dans ce local que M. Edison parvint à enregistrer sur son phonographe le véritable son « s ». De nombreuses recherches poursuivies par la suite dans ses laboratoires du Nord furent amorcées également à Fort Myers.

Nous sommes encore allés un peu plus loin dans la reconstitution de la vie de M. Edison. Il y a quelque temps, nous avons acheté la gare de Smith's Creek, sur la ligne du Grand Trunk Railroad. Cette gare fut construite en 1858-59. Elle est historique parce que c'est dans cette gare même qu'Edison fut renvoyé du train avec tout son petit laboratoire. La dernière fois qu'il descendit à cette gare, il était accompagné par le Président des États-Unis. La gare a été réédifiée également sur ce terrain et, pour compléter le tableau, à l'occasion du jubilé de la grande invention de M. Edison, nous pûmes nous procurer une ancienne locomotive du modèle dont on se servait au temps où Edison vendait ses journaux. Nous avons également découvert et reconstruit quelques vieux wagons de voyageurs de cette époque, ainsi qu'un fourgon dans lequel on a reconstitué le laboratoire roulant qu'il avait installé, étant enfant, dans le train.

Nous avons poursuivi tout ce travail avec la collaboration de M. Edison et de ses associés ; aussi suis-je convaincu que la reproduction est exacte. Il faut d'ailleurs qu'elle soit exacte, car, dans une reconstitution de lieux illustres, on ne saurait tolérer le moindre compromis avec l'exactitude. Je désire que l'imagination de ceux qui verront ainsi toute une époque historique représentée d'une façon concrète puisse s'exercer sur la réalité même et qu'elle ne perde pas son temps à essayer de suppléer aux parties du décor qui pourraient manquer.

Enfin, si cette exposition insuffle seulement à quelques jeunes gens et jeunes filles un peu de l'esprit qui a créé notre pays, j'estime que cet effort n'aura pas été vain. L'esprit américain de recherche, tel qu'il se trouve pleinement représenté par Thomas Alva Edison, est la véritable richesse de la nation.

www.ingramcontent.com/pod-product-compliance
Lightning Source LLC
Chambersburg PA
CBHW071206130726
47998CB00002B/633